KB163397

새로운
리더가 온다

"밀레니얼 세대에게는 새로운 리더십이 필요하다!"

새로운
리더가 온다

이호건, 엄민영 지음

피플 밸류 HS

꼰대 탈출 프로젝트

"사장님, 저 오늘부터 그만두겠습니다. 지금까지의 급여는 제 통장으로 입금해주세요…."

편의점을 운영하던 사장이 야간 근무를 담당하던 아르바이트생으로부터 받은 문자다. 그것도 근무를 시작하기 한 시간 전에 받았다. 불과 한 시간을 남겨두고 일을 그만두겠다는 통보를 일방적으로 받은 사장의 심경은 어떨까? 우선 황당하고 어처구니가 없을 것이다. 더불어 당장 곤란한 처지에 놓일 것이다. 갑자기 어디서 사람을 구한단 말인가! 사전에 여유를 두고 알려주었더라면 무슨 대책이라도 세울 텐데, 겨우 한 시간을 남겨두고 이렇게 뒤통수를 치다니. 사장은 아르바이트생에게 배신감을 느끼면서 개탄을 금치 못할 것이다. 어쩌면 "쓰레기 같은 녀석"이라면서 욕이 튀어나올 수도 있다.

흥분을 가라앉히고 차근차근 생각해보자. 아르바이트생이 불과 한 시간을 남겨두고 퇴직 통보를 하는 행위는 몰상식한 행동일까? 아마 그렇다고 생각하는 사람이 많을 것이다. 여기서 한번 물어보자. 아르바이트생은 퇴직하기 얼마 전에 자신의 의사를 밝혀야 마땅할까? 어느 정도 여유를 두고 고용주에게 통보하는 것이 상식일까? 일주일? 한 달? 후임자를 구할 때까지? 여기에는 정답이 없다. 통상 정규직으로 일하는 샐러리맨이라면 대략 한 달 전에 퇴직 의사를 밝히는 것이 상식이다. 왜냐? '월급'을 받기 때문이다. 노동의 대가를 월 단위로 정산하기 때문에 대략 한 달의 말미를 두고 통보하는 것이 자연스럽다. 월급을 받는 사람이 회사를 그만두기 일 년 전부터 퇴직 의사를 밝힌다면, 이는 매우 어리석은 짓이다.

이 같은 논리를 적용하면, 아르바이트생이 한 시간을 남겨두고 퇴직 의사를 밝히는 것은 그다지 몰상식한 행동이 아니다.

시급제로 계약을 했기 때문이다. 시간제 노동자란 고용주와 시간 단위로 근로계약을 맺은 사람이다. 따라서 계약의 연장이나 중단을 결정하는 행위도 시간을 기준으로 하는 것이 오히려 상식에 가깝다. 최소한 상식을 크게 벗어나는 일은 절대 아니다. 시급을 받는 노동자가 한 달 전부터 퇴직 통보를 하는 것은, 월급을 받는 샐러리맨이 일 년 전부터 퇴직 의사를 밝히는 것처럼 엉뚱한 행동일 수도 있다. 내 말이 궤변처럼 들릴 수도 있을 것이다. 이러한 논리가 말도 되지 않는다고 생각하는 사람이 있다면 아마도 그는 '꼰대'일 가능성이 높다. 꼰대가 별건가. 세상의 변화를 따라가지 못해 구태의연한 사고방식을 고수하고 있다면 그게 바로 꼰대다.

요즘에는 근로계약이나 고용관계도 과거와는 사뭇 달라지는 추세다. 정규직이나 풀타임 고용은 줄어들고, 아르바이트나 파트타임 고용이 증가하고 있다. 아르바이트 계약은 사용자 입장에서는 부담 없는 고용 형태다. 정규직이 아닌 임시직이라 비용 부담도 덜하고, 고용계약의 시작과 종료가 자유로워서 고용에 대한 부담도 적다. 하지만 이런 형식은 근로자에게는 결코 좋은 계약이 아니다. 고용 안정성도 낮고 경제적으로도 불리한 면이 있다. 요컨대 오늘날 근로(고용)계약은 과거에 비해 사용자에게는 유리하게, 근로자에게는 불리하게 바뀌었다.

문제는 계약의 형식이 바뀌면서 과거보다 사용자의 부담이 줄었지만, 사용자가 근로자에게 기대하는 바는 결코 줄어들지 않았다는 점이다. 사용자는 비록 비정규직 시간제 계약을 맺었더라도 아르바이트생이 정규직처럼 책임감을 가지고 일해 주기를 바란다. 특히 편의점처럼 근로자가 사업장을 전담해야 하는 상황에서는 더 큰 책임감을 가지고 일해주기를 기대한다. 신분은 아르바이트생이지만 마치 사장인 것처럼 일하기를 바란다. 하지만 이는 분명 과한 기대다. 아르바이트생이라고 손 놓고 당하고만 있을 리 없기 때문이다. 시간제 계약으로 사용자가 고용과 비용에 대한 부담을 덜어낸 만큼 근로자도 책임과 의무에 대한 부담을 줄였다. 해서 요즘은 한 시간 전에 퇴직 통보하는 것에 대해 별로 미안해하지 않는다. 아니 미안해할 필요조차 없다. 특별히 악감정을 가졌거나 뒤통수를 칠 의도도 아니었다. 그저 상식적으로 행동했을 뿐이다. 계약이 그런 걸 어떡하겠는가. 하지만 고용주는 배신감에 치를 떤다. 왜? 환경이 바뀐 걸 모르기 때문이다. 세상이 변했고, 계약 형태가 바뀌었고, 젊은 세대는 달라졌다. 모든 것이 변하고 흘러가는 세상에서 과거만을 고집한다면 그가 바로 '꼰대'다.

'꼰대 탈출 프로젝트' 이것이 이 책의 기획 의도다. 아무리 나이가 들어도 스스로를 꼰대라고 생각하는 사람은 많지 않을 것이다. 하지만 나를 포함하여 오늘날 수많은 기성세대가 빠르게 꼰대로 바뀌고 있다. 과거보다 세상이 빨리 변하기 때문이다. 특히 조직에서 리더 위치에 있는 사람은 더 그렇다. 빠른 환경 변화로 조직 구성원들은 빠르게 세분화되고 세대 다양성도 증가했다. 해서 오늘날의 조직은 여러 세대가 함께 모인 상태가 되었다. 베이비부머 세대, 386 세대, X 세대, Y 세대, Z 세대 등 '한 지붕 세 가족'이 아니라 족히 '한 지붕 다섯 가족'은 된다. 조직 내 세대의 수가 증가할수록 기성세대는 더 빨리 꼰대가 된다. 막내인 Z 세대에게 베이비부머 세대는 무려 4세대나 앞선, 고조할아버지뻘이다. 말조차 섞기 힘들 정도다. 해서 오늘날 조직에서 기성세대는 가만있어도 꼰대가 되기 십상이다. 새로운 젊은 세대가 계속 유입되기 때문에 가만있어도 쉬 늙어간다.

당연한 말이지만, 젊은 세대는 꼰대를 싫어한다. 말이 통하지 않는 경우도 많고, 대화를 해도 호랑이 담배 피우던 시절 이야기나 늘어놓기 일쑤다. 그래서 젊은 세대에게 꼰대는 기피대상 1호다. 조직 생활에서 리더가 꼰대가 되면 부하 직원들이 기피하는 것보다 더 큰 문제가 발생한다. 리더십을 발휘하기 어렵다는 점이다. 리더십은 리더가 가진 최고의 무기다. 하지만 꼰대의 속성은 리더십과는 상극이다. 꼰대라고 여겨지는 리더는 부하 직원에게 말발이 먹히지 않고, 영令이 서지 않는다. 앞에서는 따르는 척하지만 돌아서서는 콧방귀를 뀐다. 해서 리더에게 '꼰대 탈출'이란 또 하나의 과제이자 의무다.

이 책의 목적은 조직 리더의 꼰대 탈출을 돕기 위함이다. 이 책은 총 8장으로 구성되어 있다. 1장에서는 오늘날 조직 리더가 겪는 리더십 위기에 대해서 논한다. 2장에서는 조직의 핵심 세력으로 부상하고 있는 밀레니얼 세대에 대해서 살펴본다. 3장과 4장에서는 리더십의 근본 원리와 새로운 리더십의 관점을 설명한다. 5장부터 7장까지는 새로운 리더십을 실천하기 위한 세부 지침으로 마음가짐, 동기부여, 소통의 기술을 다룬다. 마지막 8장에서는 세대를 뛰어넘어 함께 일하는 조직문화를 만들기 위한 방안을 제시한다. 각 장은 세대 차이로 인해 조직에서 흔히 발생할 수 있는 에피소드를 소개하면서 시작한다. 여기서는 베이비부머 세대인 'B 상무', X 세대인 'X 팀장', 밀레니얼 세대인 'M 대리', Z 세대인 'Z 사원'이 등장하여 자기 세대를 대변한다. 에피소드를 읽으면서 자신이 속한 조직에서도 비슷한 사례나 경험이 있는지를 떠올려 보면 좀 더 집중하는 데 도움이 되지 않을까 싶다.

고대 그리스 철학자인 헤라클레이토스가 이런 말을 했다. "우리는 같은 강물에 두 번 발을 담글 수 없다." 이는 시간과 공간의 불가역성을 비유적으로 표현한 말이지만, 오늘날에도 여전히 적용되는 빛나는 통찰이다. 제아무리 과학기술이 발전했다 할지라도 흘러간 세월은 되돌릴 수 없고, 과거와 동일한 삶의 방식은 어디에도 존재하지 않는다. 지금 이 순간에도 시간은 강물처럼 흘러가고 세상의 공기는 변하고 있다. 『장자莊子』에는 '당랑거철螳螂拒轍'이라는 고사성어가 나온다. 수레바퀴를 사마귀가 막는다는 뜻으로 감당하지 못할 상대에게 무모하게 덤비면 위험에 빠질 수도 있다는 경고다. 끊임없이 변하고 흘러가는 세상에서 리더가 변화를 거부하고 온몸으로 막아선다면 이는 수레바퀴를 막는 사마귀처럼 무모한 일일 것이다. 흐르는 강물에는 저항하기보다 몸을 내맡기는 편이 좋다. 그래야만 세상을 즐기면서 관조할 수 있다. 오늘도 악전고투하고 있을 이 땅의 수많은 리더들이 이 책을 통해 젊은 세대와 자유롭게 소통하며 '슬기로운 직장 생활'을 할 수 있기를 희망한다.

이 호 건

2장

밀레니얼 세대,
그들은 누구인가

5장

밀레니얼 세대에게
존경받는 리더 되기

리더십이
위기다

X 세대 팀장들의 하소연

X 팀장은 모처럼 다른 팀장들과 술자리 모임을 가졌다. 매월 영업 실적을 점검하는 전체 팀장 회의가 끝난 뒤 이어지는 뒤풀이 술자리다. 점점 어려워지는 영업 환경 속에서 다들 고군분투하고 있지만, 회사의 영업 실적은 그다지 좋지 않다. 따라서 매월 진행되는 팀장 회의 역시 대부분 유쾌한 자리가 아니다. 특히 목표 대비 실적이 좋은 못한 팀장의 경우에는 더 그렇다. 경영진과 영업 담당 임원으로부터 질책이 쏟아지는 통에 좌불안석이 되기 일쑤고, 스트레스도 이만저만이 아니다.

그래서 회의 뒤에 이어지는 술자리는 위로와 격려가 넘쳐난다. 서로 같은 처지의 팀장끼리 아픔을 위로하고 상처를 쓰다듬어주는 자리가 된다. "외부 환경이 좋지 못한데, 개개인이 노력한다고 실적을 달성할 수 있겠는가, 처음부터 목표를 너무 높게 잡아서 아무리 노력해도 목표 달성이 어려운 상황이야. 경쟁 상황을 고려하면 이 정도만 해도 잘한 것이지."라면서 서로를 위로하기 바쁘다. 실적 부진이 자기네 잘못이 아니라 순전히 외부 환경이 좋지 않기 때문이라고 둘러대는 것이다. 하지만 술잔이 몇 순배 돌고 나니 이제 화살은 부하 직원에게로 향하기 시작했다. 누군가 실적 부진의 원인이 열심히 하지 않는 부하 직원 때문이라고 주장하자 너나 할 것 없이 거들고 나선다. 대개 이런 식이다.

팀장 A : 우리 팀 박OO 대리 말이야… 다른 팀에서 일을 야무지게 한다고 해서 데려왔더니 완전 실패작이야. 이번에는 이렇게 한번 해 보자고 지시를 하면, 온갖 핑계를 대면서 팀장 의견에 반론을 펴질 않나, 게다가 불평불만은 왜 그렇게 많은지. 요즘은 괜히 데리고 왔다는 생각이 들 정도라니까.

팀장 B : 자네 팀에도 그런 '골통'이 있나? 우리 팀 김OO 대리도 비슷해. 그 친구는 입사한 지 벌써 5년이나 되어서 조직의 생리를 잘 알 텐데도 완전 제멋대로야. 야근을 해야 할 상황인데 영어 학원을 가야 한다면서 정시 퇴근을 해버리질 않나. 얼마 전에는 팀 회식을 하다가 2차를 가려는데, 갑자기 집에 일이 있다며 가더군. 알고 보니까 그 일이란 게 겨우 집에서 아기 목욕을 시켜주는 것이더라고. 나 원 참, 어이가 없어서… 그 친구는 직장을 조기축구회 정도로 생각하는 것 같아.

팀장 C : 맞아. 아마 요즘은 대부분 팀에 그런 친구들이 한두 명씩은 있을걸. 인사팀에서는 신규 인력을 채용할 때 뭘 보는지 모르겠어. 요즘 취업이 어렵다고들 난리인데, 유독 우리 회사는 그런 골통들만 뽑아대니 말이야. 근데 더 큰 문제는 그 친구들에게 그런 행동을 하지 말라고 해도 도무지 들어 먹질 않는다는 거야. 요즘 젊은 친구들은 팀장 말을 귓등으로도 안 듣는다니까.

대부분 팀장들이 젊은 세대 부하 직원들의 행동을 이해할 수 없다는 반응이다. 또 부하 직원에게 자신들의 말발이 먹히지 않는다고 고민을 토로하고 있다. 부하 직원들은 왜 팀장들이 이해할 수 없는 행동을 하는 것일까? 그들은 왜 상사의 말에 따르지 않는 것일까?

1

리더십
위기의
시대

- 리더십은 언제, 왜 생겨났을까

무리를 다스리거나 이끌어가는 지도자로서의 능력을 '리더십'이라고 부른다. 리더십 이론은 경영학經營學, business administration 이라는 학문의 하위 영역인 '조직행동론'이라는 분과에 속하는 주제다. 따라서 리더십에 대한 이론적 배경을 알고 싶은 사람은 '조직행동론' 관련 책을 뒤져보면 좋겠다. 학문으로서 경영학은 여타 학문에 비해 역사가 짧은 편이다. 경영학은 1760년대 영국과 서유럽을 중심으로 산업혁명이 성공하고 새로운 형태의 산업경제가 생겨나면서부터 시작된 학문이다. 산업혁명 이후 산업경제가 활성화되면서 기업 간, 국가 간 경쟁이 격화되면서 경쟁에서 살아남기 위한 목적으로 각광을 받기 시작했다. 말하자면 경영학은 근대의 조직이 활성화되면서 생겨난 학문이다. 그렇다면 경영학의 분과에 속하는 리더십도 근대에 와서 생겨난 것일까? 그렇지 않다. 리더십이라는 주제는 경영학보다는 훨씬 오랜 역사를 자랑한다. 다음은 5천 년 전 고대 이집트 벽화에 그려진 상형문자다. 각각이 무엇을 의미하는지 한번 맞혀 보자.

이집트 벽화 그림

1번과 2번의 정답은 각각 '부하'와 '상사'이다. 그렇다면 3번은 무엇일까? 3번의 정답은 '리더십'이다. 이를 통해 우리는 리더십이 근대에 생겨난 것이 아니라 굉장히 오랜 역사를 가지고 있음을 알 수 있다. 고대에는 왜 리더십이 필요했을까? 알다시피 리더십이란 상사와 부하의 상호 관계에서 발생되는 것이다. 고대에도 인류는 집단을 이루고 단체 생활을 했다. 따라서 그 시절부터 자연스럽게 리더십에 대한 관심이 생겨났을 것으로 추정된다. 고대 동굴벽화를 보면 여러 사람들이 함께 모여 큰 동물들을 사냥하는 그림이 나온다. 인간이 자신보다 덩치가 크고 빠른 동물을 사냥하는 일은 결코 쉽지 않았을 것이다. 아마도 혼자서는 불가능했을 것이다. 이를 위해서는 여러 사람이 힘을 합쳐야 했고, 그 과정에서 일사불란한 지휘 체계는 사냥의 성패를 좌우하는 중요한 요소였을 것이다. 즉 여러 사람을 지휘할 리더가 있어야 했고, 그 사람에게는 리더십이 필요했을 것이다. 이처럼 리더십은 인류가 단체 생활을 하면서부터 생겨난 것이며, 인류의 문명만큼이나 오랜 역사를 가졌다.

흔히 인간을 만물의 영장이라고 부른다. 영장靈長이란 영묘한 힘을 가진 우두머리라는 뜻이다. 모든 생물체 중에서 인간은 가장 영묘한 힘을 가진 우두머리다. 인간이 가진 영묘한 힘은 어디서 나왔을까? 신체적 능력이 그다지 뛰어나지 않은 인간이 다른 동물들을 제치고 우두머리 자리를 차지할 수 있었던 배경은 무엇일까? 여기에 대해서는 여러 학자들이 다양한 해석을 내놓고 있지만, 조직행동론적 관점으로 보자면 '인간이 가진 탁월한 리더십 능력' 때문이다. 인간의 신체적 능력은 아무래도 여타 동물들에 비해 뒤떨어진다. 하지만 인간에게는 집단을 구성하고 여러 구성원을 일사불란하게 움직이게 만드는 리더십 능력이 있었다. 그렇기 때문에 그러한 능력을 보유하지 못한 동물들을 압도할 수 있었다. 인간이 만물의 영장이 된 핵심은 인간이 가진 탁월한 능력, 바로 리더십 때문이다.

- 리더 노릇 하기가 힘들어졌다

대통령, 선생님, 아버지, 군대 고참, 직장 상사…. 이들의
공통점은 무엇일까? 정답은 리더다. 리더란 다른 사람을 이끄는
사람이다. 대통령은 행정부를 이끌어서 국민을 위하고, 선생님은
학생들을 잘 이끌어 각자의 잠재 능력을 개발해 준다. 아버지는
자식을 잘 이끌고, 군대 고참은 후임 사병들을 잘 이끌어야 한다.
조직에서 직장 상사는 부하 직원을 잘 이끌어서 조직의 목표를
달성해야 한다. 이처럼 리더란 다른 사람을 잘 이끌어서 원하는
결과를 만들어내는 사람이다. 뛰어난 리더는 다른 사람에게 영향
력을 발휘하여 잘 따르게 만든다. 사람들은 왜 리더를 따르는 것
일까? 사람들로 하여금 기꺼이 리더의 지시를 따르게 만드는 힘
은 무엇일까? 그것은 리더가 가진 '권위權威' 때문이다. 권위란 권
세와 위엄을 뜻하는 말로, 다른 사람을 지휘하거나 통솔하여 따
르게 하는 힘을 말한다. 결국 리더는 권위를 가져야 그 힘으로
다른 사람을 통솔할 수 있다. 결국 리더의 권위가 영향력 발휘의
원천인 셈이다. 권위가 있는 리더는 타인에게 큰 영향력을 발휘
할 수 있는 반면, 그렇지 못한 리더는 별 힘을 발휘하지 못한다.

과거의 리더와 현재의 리더를 비교하면 어느 쪽이 영향력
을 발휘하기 쉬울까? 물론 개인차는 있겠지만 대체로 오늘날 리

더는 과거에 비해 영향력을 발휘하기가 어려워졌다. 한마디로 요즘은 과거보다 리더 노릇 하기가 힘들어졌다. 오죽하면 대통령조차 "대통령 노릇 하기 힘들다."라고 말할까. 대통령만이 아니다. 요즘은 거의 모든 분야에서 과거보다 리더 역할을 수행하기가 힘들어졌다. 학교 선생님도 예전보다 힘들어졌으며, 군대 고참들도 예전보다 후임 사병을 통솔하기가 힘들어졌다. 이처럼 사회 전반에 걸쳐 과거보다 리더십을 발휘하기 어려워진 상황을 두고 혹자는 '리더십 위기의 시대'라고 말하기도 한다.

오늘날 리더십의 위기를 말할 때, 가장 먼저 떠오르는 곳은 가정이다. 가정에서도 리더십은 위기다. 가정에서 가장의 권위가 예전 같지 않기 때문이다. 과거에는 가장의 권위가 대단했다. 집안의 대소사나 가족들이 지켜야 할 규율에 있어서 가장의 결정은 절대적이었다. 사소하게는 자녀의 귀가 시간은 물론 심한 경우 직업이나 배우자 선택에 이르기까지 가장의 권위가 미치는 범위는 넓고도 결정적이었다. 이 때문에 과거에는 가족 구성원이 가장의 권위에 도전하는 것은 감히 상상조차 할 수 없는 일이었다. 하지만 요즘은 가장의 권위가 예전 같지 않다. 물론 가정마다 차이는 있겠지만 대체로 과거에 비해 가장의 권위가 약해진 것만은 부인할 수 없는 사실이다.

　　　　　　　　　　　1장 리더십이 위기다

어디 가정만 그런가. 직장에서도 마찬가지다. 직장에서 상사의 권위가 예전 같지 않다. 과거에는 직장에서 관리자 정도의 직위에 있는 사람은 권위가 막강했다. 직장을 군대나 감옥에 비유하면서 직장 상사를 교도관에 비유할 정도였다. 당시에는 리더의 말 한마디는 결정적인 위력을 발휘했다. 부하 직원들은 묻지도 따지지도 못한 채 리더의 말을 따라야만 했다. 하지만 요즘은 직장의 풍속도도 많이 달라졌다. 상사의 권위가 예전 같지 않다. 과거보다 책임은 커졌지만 권한은 예전만 못하다. 특히 부하 직원을 부릴 수 있는 권한은 더욱 약해졌다. 심지어 상사가 부하 직원의 눈치를 살펴야 하는 경우도 있다. 물론 이 역시 개인차는 있겠지만 일반적으로 과거 리더에 비해서 권위가 약해진 건 사실이다. 해서 리더십 발휘하기가 힘들어졌다.

그렇다고 조직이나 경영진이 리더의 상황을 감안해주는 경우는 드물다. 리더의 권위가 예전만 못하더라도 조직에서는 여전히 리더가 부하 직원을 잘 이끌기를 바란다. 부하 직원에게 긍정적인 영향력을 발휘하여 주어진 목표를 달성하고 성과를 창출하기를 기대한다. 그렇지 못한 리더에게는 가혹한 평가와 함께 압박이 가해진다. 요컨대 오늘날 리더를 둘러싼 환경은 점점 리더십을 발휘하기에 어려워지고 있지만, 여전히 리더에게는 강력한 리더십이 요구되고 있는 상황이다.

2

리더의
딜레마

- 리더가 되면 더 피곤해진다

사람들은 조직에 들어가면 높은 자리에 오르기를 희망한다. 그래서 조직에서 높은 자리로 승진한 사람을 모두가 부러워한다. 가령 팀원이었던 사람이 팀장으로 승진하면 축하의 말을 건넨다. 다른 사람을 이끄는 리더가 되었음을 축하해주는 것이다. 이 대목에서 한번 생각해보자. 조직에서 리더가 되는 것은 축하할 만한 일일까? 달리 말해 조직에서 리더가 된다는 것이 마냥 좋은 일일까?

사람들은 조직에서 승진하는 일, 소위 '위로의 욕망'은 당연한 것이며 이러한 욕망은 충족될수록 기쁨이나 행복과 가까워진다고 '막연히' 믿는 경향이 있다. 하지만 믿음과 현실은 별개인 경우도 많다. 조직에서 리더가 되는 일도 그중 하나다. 사람들은 리더로 승진하면 '영전榮轉했다'고 하면서 축하를 표한다. 영전이란 '전보다 더 좋은 자리나 직위로 옮기는 것'을 뜻한다. 리더가 되면 지위가 변한 만큼 경제적, 사회적 대접도 달라진다. 하지만 달라진 대접만큼 그 자리에 대한 책임과 기대도 커진다. 따라서 현실에서는 리더가 되면 그 전보다 생활이 편해지거나 행복해진다고 장담하기 어렵다. 경험으로 보자면 리더가 된 이후에 불행해지는 사람이 더 많다. 왜 그런 것일까?

'리더가 되면 더 불행해진다.'는 명제는 어찌 보면 매우 역설적으로 들리지만 냉정하게 따져보면 당연한 귀결이다. 원래 근로자는 자신이 제공한 노동력의 대가로 임금을 받기로 계약을 맺은 사람이다. 임금이 높아질수록 제공해야 할 노동력의 양도 커지는 것이다. 보수가 높을수록 그에 상응하는 대가가 뒤따르는 것이 계약 관계의 기본이다. 따라서 조직에서 위로 올라갈수록 제공해야 할 노동력이 많아지고 그 결과 행복을 추구하기가 어렵다. "받은 만큼 일해야 한다."는 말은 괜히 나온 말이 아니다. 많이 받을수록 많이 일해야 한다.

리더가 되면 역할에 대한 책임도 커진다. 그전에는 크게 부담을 느끼지 않았던 부분까지 책임이 부과된다. 개인의 실적이 아니라 조직 전체 실적이 자신의 실적이 되고, 부하 직원들이 잘못한 부분에 대해서도 일정 부분 책임을 져야 한다. 역할과 책임의 범위가 넓어진 만큼 신경 써야 할 일도 더 많아진다. 위로는 경영진의 눈치를 봐야 하고, 옆으로는 다른 팀과의 협력에도 신경을 써야 하고, 아래로는 팀원들의 업무나 사생활에도 관심을 기울여야 한다. 신경 쓸 일이 많아지다 보니 회사에 머무는 시간이 증가한다. 출근이 빨라지고 퇴근이 늦어진다. 간혹 주말이나 공휴일에 출근해야 하는 경우도 생겨난다. 일하는 시간이 늘어난 만큼 여가 시간은 줄어든다. 행복감을 느끼기가 더 어려워지는 게 당연하다.

리더가 되면 경영진의 주목도도 높아진다. 경영진이 말단 사원까지 일일이 챙기기는 힘들다. 관리 범위의 한계 때문이다. 조직의 규모가 크고 구성원의 숫자가 많을수록 더 그렇다. 하지만 말단 사원이 리더가 되면 상황은 달라진다. 경영진 입장에서 개별 리더의 행동과 공과功過는 부처님 손바닥처럼 잘 보인다. 말하자면 리더는 유리로 된 상자 안에서 일을 하고 있는 셈이다. 자신의 일거수일투족을 누군가가 끊임없이 감시하고 있다고 생각해보라. 얼마나 피곤한 일인지. 리더의 자리가 그렇다. 딴짓을 할 틈도 없고 피곤하다. 결국 리더가 되면 지위나 월급이 조금 오른 것을 제외하면 나아진 것도 별반 없다. 아니 오히려 더 여유가 없어졌다. 역할과 책임이 커진 만큼 해야 할 일도 늘어났고 신경 써야 할 일도 많아졌고 불안감도 증가했다. 이래저래 오늘날 리더는 피곤하다.

그럼 리더가 되지 않으면 될까? 이 또한 현명한 방법은 아니다. 리더가 되면 피곤해진다고 해서 리더의 자리를 포기하면 까마득한 후배에게 지휘 감독을 받아야 할 수도 있다. 나이가 들고 경력이 쌓였음에도 다른 사람의 지휘를 받는다면 참기 어렵다. 특히 자기보다 연륜이 낮은 사람에게 통제를 받는 일은 피곤함을 넘어서 자존심에 문제가 생긴다. 해서 리더 되기를 마냥 회피할 수도 없다. 오늘날에는 리더가 되면 피곤해지고, 리더가 되지 않으면 자존심에 큰 상처를 입게 된다. 이것이 오늘날 리더가 처한 딜레마다.

- 리더의 말발이 먹히지 않는다

오늘날 조직의 리더가 처한 딜레마는, 앞서 살펴본 것처럼 피곤함의 문제만이 아니다. 오늘날 리더가 안고 있는 또 다른 고민은 과거에 비해 부하 직원들에게 말발이 먹히지 않는 데 있다. 원래 리더는 권위의 상징이었다. 하지만 과거처럼 강력한 아우라와 카리스마를 뽐내는 리더는 찾아보기 힘들고 스스로를 '하인(서번트)'이라고 부르는 리더가 생겨났을 정도다. 리더가 가진 권력은 예전만 못해지고 위세는 꺾였다. 그렇다면 리더의 권위는 왜 예전 같지 않은 것일까?

리더십 파워의 원천은 주로 그가 가진 지위나 전문성으로부터 출발한다. 높은 지위에서 파생되는 공식적인 권한이나 보상 권한 등은 리더가 부하 직원에게 영향력을 행사할 수 있는 근거가 되는 힘이다. 따라서 사람들은 지위가 높은 사람의 말을 더 따르려는 경향이 있다. 또 다른 힘의 원천은 전문성이다. 사람들은 지식이 많거나 정보력이 탁월한 사람을 우러러보는 경향이 있다. 사람은 원래 자신보다 아는 게 많거나 더 많은 정보를 가진 사람에게는 함부로 하지 못한다. 이는 지위로부터 주어지는 공식적인 권한과는 별개로 개인의 능력과 지혜로부터 생기는 이른바 지적 권력이다. 조직에서도 마찬가지다. 부하 직원은 동일한 직급의 리더라 하더라도 전문성이 뛰어난 리더의 말에 더 따르는 경향이 있다.

　　　　　　　　1장 리더십이 위기다

예나 지금이나 지위에서 발생하는 힘은 별반 다르지 않다. 하지만 전문성으로부터 생겨나는 힘은 과거와 많이 달라졌다. 직장에서 리더의 권위가 예전 같지 않은 이유도 전문성의 문제로부터 기인한 바가 크다. 과거 직장에서 상사는 기본적으로 후배보다 지혜로운 사람이었다. 직장 생활을 오래할수록 경험과 연륜이 쌓이기 때문이다. 옛날에는 후배가 모르는 것이 있으면 언제나 상사에게 물어보았다. 상사나 선배의 권위가 높을 수밖에 없었다. 그러나 지금은 양상이 사뭇 달라졌다. 요즘은 직급이 높아지고 연차가 많아질수록 지혜롭다는 등식이 더 이상 성립되지 않는다. 경영 환경이 급변하고 업무 방식이 달라지면서 과거 선배가 쌓았던 경험이나 업무 방식이 현재에는 통하지 않는 경우가 생겨나기 시작했다.

경험이나 연륜이 쌓여서 생긴 지혜는 동일한 패러다임이 작동되는 환경에서만 통하는 법이다. 조선시대를 경험하면서 생긴 지혜는 오늘날 정보화 사회에서는 더 이상 통용되지 않는다. 삶이나 인생, 직장 생활의 지혜는 그것이 통하던 시절의 지식과 노하우만을 자양분으로 삼기 때문이다. 4차 산업혁명, 디지털 정보화 시대를 살아가는 요즘 신세대 직장인들은 80,90년대 산업사회 시절에 축적한 리더들의 경험과 연륜을 더 이상 필요로 하지 않는다. 만약 어떤 리더가 "옛날 우리가 신입사원 시절에 이렇게까지 일하기도 했어."라며 과거 자신의 경험을 마치 진리인 양 부하 직원에게 강요하게 되면 씨도 먹히지 않을 뿐 아니라 꼰대 소리 듣기 십상이다.

상황이 이렇다 보니 요즘에는 부하 직원들이 모르는 것이 있어도 상사에게 묻는 일이 드물어졌다. 그렇다면 누구에게 물어볼까? 바로 '네이버Naver'나 '구글Google'이다. 요즘은 모르는 게 있으면 언제든 인터넷에 물어보면 되는 시대다. 그러면 그곳에서는 성질 나쁜 상사처럼 귀찮아하지도 않고, 까다롭게 굴지도 않으면서 아주 친절하고 자세하게 알려준다. 이제는 더 이상 모르는 것이 있어도 상사나 선배에게 물어볼 필요가 없다. 네이버나 구글이라는 든든한 조력자가 있기 때문이다. 이로 인해 조직에서 리더와 부하 직원 간에 존재했던 정보력의 비대칭은 사라지고, 이른바 '정보의 민주화' 시대가 도래했다. 이제 더 이상 리더에게는 전문성 우위라는 무기가 없어졌다. 정보력에 대한 파워도 사라졌다. 요컨대 전문성의 파워를 잃어버린 리더는 권위가 약해졌고, 말발은 먹히지 않게 되었다.

과거에 비해 리더의 권위가 약해졌다는 것은 조직에서 리더십을 발휘하기 어려워졌다는 것을 의미한다. 리더십을 발휘하지 못하는 리더는 부하를 통솔하기도 어렵고 성과를 창출하기도 힘들다. 리더 입장에서는 안 좋은 상황이다. 하지만 마냥 실망할 일만은 아니다. 객관적인 상황이 과거보다 리더십을 발휘하기에 어려워졌지만 한 가지 위안이 되는 면도 있다. 나만 힘들어진 것이 아니라는 점이다. 리더십 발휘가 힘들어진 환경은 나에게만 그런 것이 아니라 모든 리더에게 동일하게 적용되는 상황이다. 해서 오히려 이 상황을 기회로 삼을 수도 있다. 과거 리더십을 발휘하기가 쉬운 환경에서는 리더가 리더십을 잘 발휘한다는 것은 별다른 경쟁력이 아니었다. 대부분의 리더가 리더십 발휘를 잘했기 때문이다. 하지만 지금은 다르다. 요즘은 리더십 발휘가 어려운 상황이라 잘만 하면 리더 자신을 돋보이게 하는 차별적 경쟁력이 될 수 있다. 환경이 어려워져서 아무나 리더십을 잘 발휘할 수 있는 것이 아니기 때문이다. 리더십을 발휘하기 힘든 상황이 오히려 자신을 돋보이게 만들 기회가 될 수도 있다. 관건은 어떻게 하면 리더십을 잘 발휘할 수 있는가 하는 것이다. 문제가 생기면 그 문제를 해결하기 위한 솔루션을 찾아야 한다. 하지만 솔루션을 찾기에 앞서 그 문제가 왜 발생하였는지 근본 원인을 알아야 좋은 해결책을 찾는 데 도움이 된다. 따라서 리더십 위기의 원인이 무엇인지에 대해서 먼저 살펴보기로 하자.

3

리더십
위기의
원인

- 구성원의 조합이 달라졌다

오늘날 조직 리더가 직면한 리더십 위기의 원인은 무엇 때문일까? 여기서 우리가 주목해야 할 부분은 최근 들어 조직의 '세대 다양성Generational Diversity'이 증가하고 있다는 점이다. 물론 과거에도 조직 내 세대 차이는 엄연히 존재했다. 하지만 과거에는 그 차이가 단순했다. 옛날에는 조직 구성원을 단순히 기성세대와 신세대라는 이원화된 틀로 접근해도 별 무리가 없었다. 이때에는 조직 내 세대 간 갈등이 있어도 한쪽이 다른 쪽을 설득하거나 굴복시키면 그만이었다. 가령 팀에서 야유회를 가는 상황을 예로 들어보자.

기성세대 리더 : 이번 주 일요일에 부서 단합을 위해 북한산 등반을 하기로 했으니까, 한 사람도 빠짐없이 모두 참석하기 바랍니다.

신세대 직원 A : 이번 주에 대학 동기 집들이가 있는데, 어떻게 하죠?

기성세대 리더 : 개개인의 사정을 모두 감안하면 어떻게 일정을 잡을 수 있겠나? 개인 일정은 알아서 조정을 하든지 빠지든지 해야지!

신세대 직원 A : 알겠습니다. 제가 알아서 조정하도록 하겠습니다.

참 쉽다. 이처럼 과거에는 세대 다양성이 존재하더라도 단순했고, 그 결과 특정한 상황에 대한 이견도 크지 않았다. 차이가 있더라도 주로 신세대가 기성세대의 입장을 따랐다. 해서 갈등도 적고 이견을 좁히기도 쉬웠다. 하지만 오늘날의 조직을 기성세대와 신세대로 단순하게 구분하는 것에는 무리가 따른다. 최소 4 그룹 이상의 세대가 한 조직에서 함께 일하기 때문이다. 오늘날 조직에서 세대를 구분하면 대략 다음과 같다.

<오늘날 조직의 세대 다양성>

경영진(임원 이상) : 베이비부머 세대

팀장(부장~이사) : 386 세대

중간관리자(차장~부장) : X 세대

실무자(사원~대리) : Y 세대(밀레니얼 세대)

신입사원 : Z 세대(링스터 세대)

조직에 대한 충성심 하나로 온몸을 바쳐 일해 온 베이비부머 세대가 조직의 최상위 계층을 형성하고 있으며, 한때는 신세대라 불렸던 386 세대나 X 세대가 상위 계층에 포진하고 있으면서 리더 역할을 담당하고 있다. 그 밑으로 1980년대 이후에 태어나 글로벌화와 정보기술에 익숙한 Y 세대가 중추적인 실무를 담당하고 있으며, 유년시절부터 디지털 환경에 익숙한 Z 세대가 새롭게 유입되고 있는 실정이다. 이들은 자라온 환경이 다르고 조직 내 위치가 다르기 때문에 생각하는 것과 행동하는 방식도 상이하다. 앞서 예를 들었던 야유회 상황에 빗대어 이야기해보자.

베이비부머 세대 전무 : 이번 주 일요일에 본부 단합을 위해 북한산 등반을 하기로 했으니까, 한 사람도 빠짐없이 모두 참석하기 바랍니다.

386 세대 팀장 : (속으로는 전무님이 갑자기 왜 저러시나 하고 생각하지만) 아, 좋죠. 안 그래도 본부 단합을 위한 무엇인가를 해야지 하고 생각하고 있었습니다.

X 세대 차장 : 단합 대회는 필요하지만 꼭 등산을 해야 하나요? 직원들 중에서 등산을 좋아하는 사람은 윗분들뿐입니다. 하더라도 종목을 바꾸면 어떨까요?

Y 세대 대리 : 아니, 사전에 협의도 없이 그렇게 일방적으로 일정을 잡아서 통보하면 어떡합니까? 저는 그날 선약이 있어서 참석이 어렵겠는데요.

Z 세대 사원 : 근무시간도 아닌 일요일은 사적인 시간인데 말이 되나요? 이건 엄밀히 따지면 사생활 침해입니다.

정말 그럴까 싶지만 여러 세대가 함께 모여 있는 조직에서는 한 가지 이벤트를 두고도 다양한 반응을 보인다. 조직의 상층부에 위치하고 있는 베이비부머 세대나 386 세대는 아무래도 조직 지향적이다. 그들은 개인보다는 조직이 우선한다는 생각을 가지고 있기 때문에 조직을 위해서는 개인의 희생도 불가피하다고 생각한다. 하지만 아래로 내려갈수록 이런 생각은 지지받지 못한다. 조직을 위해 개인이 희생해야 한다는 생각은 유신시대 잔재쯤으로 여기며 공과 사는 분명히 구분되어야 한다고 생각한다. 이러한 세대 다양성의 증가는 조직의 창의성 발현에 긍정적으로 작용할 수도 있지만, 서로에 대한 이해가 부족할 경우 세대 간 갈등과 불협화음을 초래할 수도 있다. 게다가 향후 조직의 핵심 주체로 등장하게 될 젊은 세대를 효과적으로 관리하지 못할 경우, 자칫 조직 이탈로 이어질 위험성도 존재한다.

- 배운 대상과 적용 대상이 달라졌다

직장인들은 리더십을 어디에서 배울까? 흔히 책을 보고 배운다고 생각하기 쉽지만 리더십 학습의 주된 원천은 상사를 통해서다. 자기가 모시던 상사의 생각과 행동, 말투 등을 통해 리더에 대한 인상을 형성하고 자기도 모르게 배우게 된다. 현재 조직의 리더 위치에 있는 386 세대나 X 세대는 자기의 선배 세대인 베이비부머 세대로부터 영향을 받아왔다. 그 결과 한때는 신세대이자 어디로 튈지 모르는 럭비공 세대라 불렸던 이들도 부지불식간에 선배 세대를 닮아 조직 지향적 인간으로 변모했다.

독일 철학자 니체가 이런 말을 한 적이 있다. "괴물과 싸우는 자는 스스로 괴물이 되지 않도록 조심해야 한다." 드라큘라와 싸우던 사람이 드라큘라에 물려서 자신도 드라큘라가 되는 것처럼, 괴물이 싫어서 싸우다가 자기 자신도 모르는 사이에 괴물처럼 변할 수도 있다. 매 맞고 자란 아이가 어른이 되어 폭력 부모가 될 수도 있는 것처럼, 오늘날 조직의 리더도 비슷한 환경일 수 있다. 자기가 부하 직원 시절에는 조직을 우선시하고 강압적인 리더십을 발휘하던 상사가 너무나도 싫었지만, 막상 자기가 리더 자리에 앉으니 과거 자신이 그토록 싫어했던 상사의 모습을 그대로 재현하고 있는 경우도 있다. 리더가 되고 나니 과거 자신의 리더가 했던 행위가 이해되기도 하고 자신의 부하 직원도 자기 뜻에 따라주었으면 하고 바라기도 한다.

왜 이런 현상이 생기는 것일까? 모든 인간은 세월이 지나면서 변하기 때문이다. 영국의 수상이었던 윈스턴 처칠은 "20대에 진보가 아니면 심장이 없는 것이고, 40대에 보수가 아니면 뇌가 없는 것이다."라는 말로 나이에 따라 사람의 생각이 변하는 것은 자연스러운 현상이라고 보았다. 조직에서도 마찬가지다. 젊은 세대일수록 진보적인 성향을 가지기 쉽고, 나이가 들수록 보수적 성향으로 변하기 마련이다. 또 직위에 따라 생각이 변하기도 한다. 독일의 사회학자 카를 만하임은 인간의 사유는 그가 서 있는 존재론적 위치에 영향을 받는다고 주장했다. 그는 이를 '사유의 존재구속성'이라고 표현했다. 가령 다有주택자는 아파트 가격이 올라야 한다고 생각하는 반면, 무無주택자는 가격이 떨어져야 한다고 생각한다. 각자가 처한 상황이나 환경이 사유의 방식에 큰 영향을 미친다는 뜻이다. 조직에서도 지위가 높아질수록 조직을 생각하는 경향이 커진다. 자신의 위치에 따라 역할과 책임이 달라지기 때문이다. 그래서 사원 시절에는 개인주의적 성향이 강했던 사람도 직급이 높아지면서 조직을 먼저 생각하는 경향이 생기기도 한다.

이렇게 나이가 들고 직급이 높아지면서 조직 지향적으로 변하는 것은 어찌 보면 매우 인간적인 모습이다. 하지만 과거에 그랬고 지금도 그렇다고 해서 모두가 같은 것은 아니다. 현상은 동일하지만 결과는 다르기 때문이다. 베이비부머의 리더가 조직 지향적 성향을 보이는 것은 크게 문제되지는 않았다. 부하 직원인 386 세대나 X 세대가 그런 모습을 어느 정도 이해하기도 했고, 또 억지로라도 따라줬기 때문이다. 하지만 지금은 상황이 달라졌다. 부하 직원인 Y 세대와 Z 세대는 리더의 조직 지향적 성향을 이해하지도 못할뿐더러 따르지도 않기 때문이다.

결국 오늘날 리더는 자기가 보고 배운 대상과 리더십을 적용할 대상이 달라서 리더십 발휘가 힘들다. 오늘날 리더 역할을 맡게 된 입장에서는 억울하다는 생각이 들지 모르겠지만, 이는 어쩔 수가 없다. 중요한 것은 신세타령이 아니라 해결책이다. 과거와 달라진 젊은 세대를 이해하고 어떻게 이끌어야 될지에 대한 해답을 찾는 일이 남아있을 뿐이다. 바야흐로 새로운 리더십이 필요한 시점이다.

4

이제 새로운 리더십이 필요하다

- 요즘 젊은 세대는 '싸가지'가 없는 것일까

요즘 젊은 세대는 과거에 비해 상사나 선배의 말을 따르지 않고 무시하는 경향이 있다. 이를 두고 기성세대는 젊은 세대를 향해 이렇게 말한다. "요즘 젊은 것들은 너무 버릇이(또는 싸가지가) 없다." 그런데 이 표현은 역사적 기원이 있는 말이다. 기원전 1,700년경 수메르 시대에 쓰인 점토판 문자를 해독했더니 이런 글귀가 쓰여 있었다고 전해진다. "요즘 젊은 것들은 어른을 공경할 줄 모르고 버르장머리가 없다. 말세다." 심지어 그리스 철학자 소크라테스도 젊은이들을 향해 이런 한탄을 했다고 한다. "요즘 아이들은 버릇이 없다. 부모에게 대들고, 음식을 게걸스럽게 먹고, 스승에게도 대든다." 예나 지금이나 젊은이들은 대체로 버

룻이 없었다. 이를 보면 세대 간 갈등은 요즘 생겨난 최신 현상이 아니라 옛날부터 이어져 내려온, 역사적 뿌리가 있는 현상이라는 사실을 알 수 있다.

예나 지금이나 어른들 눈에는 젊은이들이 하는 행동이 마음에 들지 않을 때가 많았나 보다. 아닌 게 아니라, 요즘 젊은이들도 어른의 상식으로는 이해하기 힘든 기행을 많이 한다. 취업이 어렵다고 난리를 치면서도 어렵게 들어간 직장을 한 달 만에 관두질 않나, 명절 연휴에 조상님은 모시지 않고 해외여행을 떠나질 않나, 사람들이 뻔히 보는 길거리에서 남녀가 키스를 하질 않나, '신체발부 수지부모'임에도 온 몸에 문신을 새기질 않나, 어른들이 이해하기 힘든 행동이 넘쳐난다. 이런 모습을 보면 어른들은 예외 없이 "요즘 애들 참 버릇이 없어. 말세다, 말세야!"라며 혀를 찰 것이다.

어른들의 눈에 비치는 젊은이들의 버릇없음은 조직에서도 예외가 아니다. 요즘 신세대 직장인들은 상사를 예전처럼 존경하지 않는다. 하늘 같은 상사를 어려워하는 기색도 없다. 불만이 있으면 상황에 대해 고려하지도 않고 거침없이 내뱉는다. 어디 그뿐인가. 근무시간이 끝나면 직장 상사가 아직 퇴근을 하지 않았음에도 칼같이 퇴근하는 경우가 다반사다. 상사의 눈치를 살피거나 미안해하는 기색도 없다. '정시 퇴근인데 무슨 상관인가.' 하는 태도다. 또 요즘 신세대 직장인은 조직을 위한 충성심이라고는 찾아보기 힘들고 개인주의 경향이 너무 강하다. 그래서 조직 활동보다 사적인 일을 우선시하는 경우도 많다. 갑자기 팀 회식이라도 잡히면 "왜 예고도 없이 회식을 하는가?", "이미 선약이 있어서 참석이 어렵다." 하면서 빠지기 일쑤다. 이리저리 핑계를 대고 빠지는 통에 단합은커녕 팀워크를 해치는 경우도 많다. 그 결과 오늘날 직장 상사들은 신세대 직원을 향해 "요즘 신세대 직원들은 직장 상사를 공경할 줄 모르고 버르장머리가 없다. 말세다."라며 수메르 점토판에 적힌 표현을 되풀이하기도 한다.

요즘 젊은이나 신세대 직원들처럼 버릇없이 굴면 정말로 '말세'가 오는 것일까? 말세末世란 말 그대로 '세상의 종말'을 뜻한다. 사전에서는 '정치, 도덕, 풍속 따위가 아주 쇠퇴하여 끝판이 된 세상'을 말세라 부른다. 어른들이나 직장 상사의 생각에는 요즘 젊은이들의 기이한 행동을 보면, 이대로 가다가는 정말 세상의 종말이라도 찾아올 것처럼 여겨지기도 한다. 정말 그럴까? 결론부터 말하면, 그런 일은 없다. 어른들이나 직장 상사의 우려와 달리, 젊은이들이 아무리 해괴망측한 행동을 하더라도 실제로 세상이 끝장나는 일은 없다. 하지만 말세라고 주장하는 어른들의 주장이 전혀 틀린 말은 아니다.

　　미셸 푸코라는 프랑스 철학자는 르네상스 시대부터 근대에 이르는 서구의 역사를 분석하면서 재미있는 결과를 발견했다. 흔히 우리는 역사가 과거부터 현재를 거쳐 미래까지 계속 이어져 나가는 연속적인 과정으로 알고 있다. 하지만 푸코의 분석에 따르면, 역사는 이어지지 않고 중간에 단절되는 불연속 지점이 있다. 그는 이러한 단절과 불연속을 설명하기 위해서 '에피스테메'라는 개념을 소개하였다. 푸코는 어떤 시대나 문화에서건 그곳에서만 통용되는 지식이나 규칙이 존재한다고 보았다. 이것을 그는 에피스테메라고 불렀다. 에피스테메는 '특정한 시대에 사람들의 인식의 지평과 구조를 가능케 하는 특별한 규칙'을 말한다. 예컨대 조선시대에는 남편이 일찍 죽더라도 여성은 출가하지 않아야 한다는 소위 '삼종지도三從之道'라는 규칙이 있었다. 삼종지도란 그 당시 사람들이 세상을 인식하는 규칙, 에피스테메인 셈이다. 그 결과 당시 사람들은 대부분 삼종지도라는 규칙을 따랐다. 요즘은 어떨까? 지금도 삼종지도라는 에피스테메는 여전히 유효한 규칙일까? 그렇지 않다. 요즘에는 그런 규칙을 따르는 사람들이 거의 없다. 말하자면 현대 사람들에게는 조선시대에 존재하였던 삼종지도와 같은 에피스테메가 없다. 삼종지도라는 에피스테메는 조선시대에만 존재했던 규칙으로 현대에 와서는 단절된 인식이다. 이처럼 문화의 역사에는 사람들의 인식을 규정짓는 규칙인 에피스테메가 존재하는데, 이것은 계속 이어지는 것이 아니라 중간중간 단절되어 왔다.

요컨대 에피스테메란 각 시대마다 사람들이 동일하게 인식할 수 있도록 만드는 규칙 같은 것인데, 이 에피스테메가 달라지면 세상도 달라진다고 봐도 무방하다. 어른들이 보기에 젊은이들의 기이한 행동이 이해되지 않는 것은 서로 간에 통용되는 에피스테메가 다르기 때문이다. 결국 어른들이 "말세다, 말세야."라고 한탄하는 것은 틀린 말이 아니다. 물론 젊은이들이 기행을 한다고 해서 물리적 세상이 끝장나는 것은 아니다. 하지만 인식과 문화적 동일성이 유지되는 세상은 끝났다고 보는 것은 맞다. 에피스테메가 다른 세상은 전혀 딴 세상이다. 조직에서도 마찬가지다. 직장 상사가 근무했던 시절에 통용되었던 에피스테메가 더 이상 통하지 않는 시대라면 이는 딴 세상인 셈이다. 결국 어른들이나 직장 상사가 젊은이들의 행동을 이해하지 못하는 가장 근본적인 이유는 에피스테메의 차이 때문이다.

- 젊은 세대에게 기성세대의 규칙을 강요한다면

젊은 세대에게 기성세대의 규칙을 강요하면 어떻게 될까? 예를 들어 요즘도 누군가가 여성들에게 삼종지도라는 규칙을 따라야 한다고 강요한다면 어떻게 될까? 아마도 다른 나라나 딴 세상에서 사는 사람처럼 여겨질 것이다. 이처럼 새로운 시대에 과거의 에피스테메를 요구하면 다른 사람과 원만한 관계를 유지하기 어렵다. 세대 간 갈등이 생기는 가장 큰 원인도 이 에피스테메 때문이다. 서로가 공유하는 에피스테메가 달라지면, 서로 다른 규칙 속에 살고 있다고 봐도 된다. 해서 상대를 이해하기도 어렵고 소통하기도 힘들다. 그 결과 서로 간에 갈등으로 이어지기 쉽다.

그런데 요즘은 과거보다 세대 간 갈등이 더 심해지는 추세다. 세상이 빨리 변해서 공통으로 적용되는 에피스테메의 유효기간도 점점 짧아지기 때문이다. 에피스테메를 주장한 푸코가 살았던 시대만 하더라도 부모와 자식이 동일한 에피스테메 속에서 사는 경우가 대부분이었다. 해서 세대 간 갈등이 상대적으로 적었다. 그런데 지금은 부모와 자식 세대가 서로 다른 에피스테메 속에서 사는 경우가 대부분이다. 서로에게 적용되는 규칙이 다르기 때문에 공통으로 적용되는 부분도 적다. 이로 인해 서로 간의 갈등이 과거보다 많아졌다.

조직에서도 마찬가지다. 현대의 조직은 과거에 비해 '세대 다양성'이 증가했다. 이 말은 한 조직에 속해 있는 구성원끼리 공유하고 있는 에피스테메가 많아졌다는 뜻이다. 과거에는 신입사원에서부터 최고위층 임원까지 동일한 에피스테메를 공유하던 시절이 있었다. 이 시절에는 소위 '계층 간 갈등'은 있었지만 '세대 갈등'은 크지 않았다. 하지만 요즘은 한 조직 안에 서로 다른 에피스테메를 공유하는 집단이 많이 생겨났다. 따라서 세대 갈등이 과거에 비해 증가했다. 말하자면 에피스테메는 각 세대 간 공유하고 있는 공통의 규칙 같은 것인데, 조직 내 구성원끼리 공유하는 에피스테메가 다르면 서로 다른 세대인 셈이다.

처음의 질문으로 돌아가서, 요즘 젊은 세대들은 과거보다 버릇이 없는 것일까? 아니다. 예나 지금이나 젊은이들은 어른들 눈에는 버릇이 없었다. 다만 요즘에는 변화가 빨라서 세대 간 공유하고 있는 공통의 규칙인 에피스테메의 수명이 짧아졌다. 그 결과 조직 내에서 서로 다른 에피스테메를 사용하는 집단이 많아지고 세대 다양성이 증가한 것이다. 해서 요즘 시대에는 다른 집단의 에피스테메를 이해하려는 노력이 모두에게 요구되고 있다.

- 새로운 리더십이 요구된다

세대 간에 적용되는 에피스테메가 다르다는 말을 역사적으로 표현하면, 역사는 계승되지 않고 단절되는 것이다. 기성세대가 추구했던 조직에서의 역사가 젊은 세대까지 이어지지 않는다는 뜻이다. 각 세대 간에 적용되는 에피스테메가 다른 상황에서 이제 리더는 어떻게 해야 할까? 우선 각 세대마다 적용되는 에피스테메가 서로 다르다는 푸코의 진단을 이해한다면, 세대 간 갈등을 줄이는 데 도움이 된다. 역사는 이어진다, 또는 역사를 계승해야 한다고 생각하면 젊은 세대의 특이한 행동을 잘못된 행동으로 해석하기 쉽다. 그들의 행동은 역사에 반하는 행위가 된다. 그 결과 갈등으로 번질 가능성이 높다. 반대로 푸코의 주장처럼, 역사는 원래 불연속의 과정이며 각 시기마다 적용되는 에피스테메가 다르다는 점을 받아들인다면, 젊은 세대가 보이는 독특한 행동도 약간은 이해할 수 있는 여지가 생긴다. 해서 갈등의 소지를 줄이는 효과가 있다.

이처럼 푸코의 에피스테메 개념은 우리가 자신도 모르게, 무의식적으로 따르거나 강요하는 삶의 규칙이 있다는 점을 자각하는 데도 도움을 준다. 사람은 대체로 나이가 들수록 고정관념이 많아진다. 이는 어쩔 수 없는 필연적 과정이기도 하다. 좋게 해석하면 경륜이나 연륜이 쌓인다고 볼 수 있다. 하지만 문제는 자신이 가진 에피스테메가 시대에 맞지 않을 때다. 그렇게 되면 시대에 맞지 않는 규칙을 타인에게 강요할 수도 있다. 해서 자신이 수용한 에피스테메가 현 시대에도 여전히 부합하는지, 유효한지를 점검하는 자세가 필요하다.

혹자는 이렇게 반문할 수도 있다. "세대 간 갈등이 에피스테메의 차이 때문이라면 젊은 세대가 기성세대의 규칙을 받아들여도 되지 않는가?" 하고 말이다. 일리 있는 지적이다. 물론 젊은 세대가 기성세대의 에피스테메를 고려해서 그것에 맞춰주면 아예 갈등이 생기지 않을 수도 있다. 서로가 다름을 인정하고, 상대방의 입장과 관점을 이해하려는 노력은 무엇보다 중요하다. 푸코도 극단적으로 자신의 에피스테메만을 고집하기보다는 '바깥의 사유'를 중요시했다. 나와 다른 에피스테메의 관점을 받아들이려는 노력이 필요하다고 본 것이다. 각 세대가 다른 세대의 입장을 이해하려고 노력해야 조직 전체의 갈등이 줄어들 것이다. 하지만 그럼에도 불구하고 기성세대가 젊은 세대의 에피스테메를 이해하려는 노력이 더 필요하다. 역사의 강물은 위에서 아래로 흐르지, 거꾸로 흐르지는 않기 때문이다. 결국 세대 갈등은 누가 특별히 잘못해서 생기는 것이 아니라, 서로가 다른 규칙 속에 살아가고 있기 때문에 발생하는 것이다. 그렇기 때문에 상대방의 규칙, 에피스테메를 이해하려고 노력한다면 그만큼 갈등도 줄어들 것이다. 새로운 리더십은 이처럼 상대방의 입장과 관점, 에피스테메를 이해하려는 노력에서 찾아야 한다.

밀레니얼 세대,
그들은
누구인가

밀레니얼 세대 팀원의 불만

M 대리는 요즘 불만이 많다. 직속 상사인 X 팀장과의 불화 때문이다. 예전에도 불만이 없진 않았지만, 깐깐한 성격의 영업 본부장(B 상무)이 새로 부임하면서부터 부하 직원들의 업무나 실적을 더 많이 챙기게 되었고, 그로 인해 M 대리와도 의견 충돌이 잦아졌다. 물론 직장 생활을 적지 않게 한 M 대리도 X 팀장의 입장이 전혀 이해되지 않는 것은 아니다. 하지만 아무리 그렇더라도 업무 시간과 무관하게, 공사 구분 없이 부하 직원을 닦달하는 것은 아무래도 참을 수 없다.

최근 들어 경쟁사가 공격적으로 마케팅을 펼치면서 회사의 영업 실적이 다소 나빠졌다. 이 때문에 영업본부장은 비상 경영 체제를 선포하고 예전보다 더 많이 뛰어서 실적을 만회할 것을 주문하고 나섰다. 이에 X 팀장도 부하 직원들에게 야근이나 주말 근무를 불사하더라도 활동량을 늘려서 실적을 만회하자고 지시했다. 이에 M 대리는 불만이다. 왜냐하면 이러한 비상 경영 체제가 처음은 아니기 때문이다. '비상 경영'이란 위급한 상황에서 어쩌다 한 번 해야 하는데, 이 회사는 시도 때도 없이 수시로 한다. 실적이 조금만 나빠지면 어김없이 "비상 경영 체제에 돌입해서 만회하자."라고 말한다. 새로운 전략에 대한 고민은 없이 무조건 직원들이 발로 뛰어서 만회하라니 도무지 받아들이기가 어렵다. 이러한 사실을 X 팀장에게 토로하면, 팀장은 "M 대리는 신입사원도 아니고, 직장 생활을 할 만큼 한 사람이 어떻게 그런 철없는 말을 할 수 있는가?" 하면서 오히려 면박을 주기 일쑤다.

상황이 이렇다 보니 M 대리가 개인적으로 자기계발을 위해 코딩 학원을 다니는 것도 눈치가 보인다. 회사의 지원을 한 푼도 받지 않고 사비를 털어, 그것도 퇴근 후 시간을 활용해 학원 다니는 것을 두고서도 팀장은 좋지 않은 눈으로 바라본다. "아무리 자기계발이 중요해도 회사가 어려운 상황에서 자기만 생각하는 이기적인 행동으로 팀워크를 해칠 수 있다."라며 눈치를 주기도 한다. 이에 M 대리는 '회사가 나를 끝까지 책임지지도 않을 텐데, 퇴근 후 개인적인 자기계발 시간도 갖지 못하게 하는 것은 사생활 침해가 아닌가?' 하는 의문이 들면서 반감이 생기기도 했다.

　　이것만이 아니다. X 팀장은 실적 부진을 만회할 목적으로 주말에 단체 산행을 통해 팀워크를 다지자고 제안을 했다. "이번 모임은 특별히 중요하기 때문에 한 사람도 빠짐없이 모두 참석해야 한다."라는 전제도 달았다. 이에 대해서도 M 대리는 불만이다. 함께 산행을 한다고 팀워크가 좋아질지 의문이 든다. 게다가 개인적으로 산에 오르는 것을 싫어하는 직원도 있는데 굳이 윗분들만 좋아하는 등산을 선택한 일도 그렇고, 무엇보다 주말에 계획해둔 개인적인 일을 못 하게 되는 것이 제일 큰 불만이다. 이에 M 대리는 X 팀장의 눈 밖에 나는 일이 있더라도 주말 산행은 불참하리라 다짐했다.

　　이런 저런 일들 때문에 M 대리는 X 팀장에 대해 불만이 쌓여갔다. 나름 능력도 있고 융통성도 갖추었다고 생각했는데, 상사의 지시나 압력이 있으면 아랫사람들 입장은 전혀 생각지 않고 일방적인 지시를 내리는 X 팀장을 보고 나이가 들면서 '꼰대'가 된 것이 아닐까 하는 의문이 들기도 했다. M 대리는 왜 X 팀장에 대해 이렇게 불만이 많은 것일까? 혹시 X 팀장이 M 대리의 세대 특성을 너무 모르고 있는 것은 아닐까?

1

조직에서
세대 차이가
발생하는 이유

　　과거보다 조직 내 세대 다양성이 증가한 지금은 세대 차이
나 갈등도 함께 증가하고 있다. 급변하는 경영 환경 속에서 함께
근무하는 조직 구성원 간 가치관이나 인식이 다르게 형성되기
때문이다. 특히 조직 내의 다양한 세대 간 가치관이나 경제적 요
소, 업무 방식이 빠르게 변하면서 서로에 대한 이해의 폭은 좁아
지고 상이한 요소와 입장은 커지고 있다. 오늘날 조직에서 기성
세대와 신세대 간의 차이는 왜 생겨나는 것일까?

　　첫째, 조직을 바라보는 시각(가치관)의 차이에서 발생한다.
　　조직에서 기성세대와 신세대 간 차이와 갈등의 원인은 먼
저 '조직을 바라보는 시각'의 차이에서 찾을 수 있다. 말하자면

조직을 바라보는 가치관의 차이 때문이다. 가치관이란 '가치에 대한 관점'을 말하는데, 여기서 가치란 특정한 대상이 자신에게 얼마나 중요한지에 대한 판단을 뜻한다. 가령 진보와 보수의 가치관 차이는 변화를 우선시하는지, 안정을 중요시하는지에 대한 인식의 차이로 구분할 수 있다. 조직에서 기성세대와 신세대 간의 가치관 차이는 '조직과 개인 중 어느 것을 더 중요시(우선시)하는가' 또는 '조직과 개인의 동일시 여부'로 평가할 수 있다. 대체로 기성세대는 개인보다 조직을 우선시하는 경향이 강하다. 반면 신세대는 조직보다는 개인을 더 중요하게 생각한다. 기성세대는 조직과 개인을 동일시한다. 먼저 조직이 잘되어야 개인도 잘된다고 생각한다. 해서 조직을 떠난 개인은 생각하기 힘들다. 반면 신세대는 조직과 개인을 분리해서 생각한다. 신세대도 조직이 잘되어야 한다는 것에는 이견이 없다. 하지만 조직이 잘되는 것과 개인의 행복을 연계해서 보지는 않는다. 신세대에게 조직의 성공과 개인의 행복은 별개다.

왜 이런 차이가 발생하는 것일까? 보고 배운 것이 다르기 때문이다. 기성세대는 고도성장기에 조직 생활을 했던 사람들이다. 해서 조직의 성장이 곧 개인의 성장과 안녕을 의미했다. 이 시기에는 조직이 개인에게 충성을 요구했지만, 한편으로는 조직이 개인의 행복을 책임지려는 경향도 강했다. 그래서 특별히 문제가 없는 직원은 끝까지 책임지려고 했고, 실제로도 그랬다. 기성세대 선배들은 별일 없으면 정년까지 무탈하게 근무하다가 퇴직했다. 말하자면 평생직장의 개념이 일반적이던 시절에 직장생활을 한 것이다. 이런 조직의 세태를 보면서 성장한 기성세대는 회사에 자신의 인생을 모두 걸었다. 이들은 조직 내에서 안정적 성장을 중시했으며, 회사와 개인을 분리해서 생각하지 않았다. 자연히 회사에 대한 로열티가 강했고, 회사를 위해서라면 어느 정도 개인의 희생을 감수해야 한다고 생각했다.

그런데 이러한 경향은 IMF 외환위기를 겪으면서 변화하기 시작했다. 성과 압력과 극심한 경쟁 체제에 내몰린 기업은 더 이상 구성원 개개인의 행복을 끝까지 책임지기가 어려워졌다. 평생직장이라는 개념은 사라졌고, 구조조정과 명예퇴직이 일상화되었다. 이제 조직에서 정년퇴직까지 근무하는 일은 요원한 일이 되어버렸고, 자칫 잘못하면 조직을 떠나야 하는 일이 빈번하게 발생했다. 치열한 취업 전쟁을 경험했던 신세대는 기성세대들의 구조조정까지 목격하면서 개인과 조직의 관계를 다르게 설정하게 되었다. 그들은 이제 더 이상 조직과 개인을 동일시하지 않게 되었다.

이러한 가치관의 차이는 세대 간 오해를 불러오기도 했다. 기성세대는 조직을 먼저 생각하지 않는 신세대를 지나친 개인주의자라며 불만을 토로한다. "요즘 신세대 직원들은 너무 이기적이고 개인주의 성향이 강하다. 지나치게 자기중심적이고 조직이나 타인을 위한 희생정신을 찾아보려야 찾아볼 수가 없다."라고 말한다. 반면 신세대는 기성세대의 지나친 조직 중심주의를 이해하지 못한다. 신세대는 "이제 조직은 나를 끝까지 책임지지 않는다. 내 인생은 내가 책임져야 한다. 회사를 위해 나를 일방적으로 희생할 수 없다."라고 생각한다. 이러한 차이는 좋고 나쁨의 문제가 아니다. 각자 보고 배우고 느끼면서 자연스럽게 형성된 가치관일 뿐이다. 만하임의 표현을 빌려 말하면, 각 세대의 사유가 '존재구속성'의 영향을 받았기 때문이다.

둘째, 경제력의 차이에서 발생한다.

기성세대와 신세대의 차이를 논할 때 경제적인 요소를 빼놓을 수 없다. 빠른 경제성장기를 경험했던 기성세대는 직장 생활을 통해 어느 정도의 경제적 보상을 받았다. 요즘처럼 맞벌이 비율도 높지 않았고, 남편 혼자 벌어도 가정을 꾸리고 자녀를 교육시키는 데 큰 문제가 없었다. 물론 개인차는 있겠지만 대다수 직장인은 몇 년간 모은 월급만으로도 내 집 마련의 꿈을 이룰 수 있었고 목돈이 필요한 시기에는 정기적으로 나오는 상여금으로 벌충이 가능했다. 직장 생활만 열심히 해도 의식주를 영위하는 데 큰 어려움이 없었던 셈이다. 기성세대는 대체로 결혼도 일찍 했기 때문에 현직에 있는 동안 자녀가 대학을 마치는 경우도 많았다. 해서 대학등록금도 회사 지원으로 해결하기도 했다. 또 그 사이 부동산 경기가 상승하여 자가로 보유한 주택의 가격도 덩달아 상승했다. 그 결과 명목자산액이 늘어나서 심리적인 안정감을 갖게 되었고, 스스로 중산층이라는 인식도 가질 수 있었다. 이래저래 경제적 여유가 넘쳐났다. 이처럼 기성세대는 직장에 헌신하는 것만으로도 어느 정도 경제적 문제가 해결되었다. 이러한 상황은 앞서 언급했던 것처럼 개인과 조직을 동일시하는 기성세대의 가치관을 더욱 공고히 하는 계기가 되었다.

하지만 신세대가 직장 생활을 하는 시대는 기성세대와는 비교할 수 없을 정도로 냉혹했다. 1997년 IMF 경제 위기를 계기로 상황이 급변했다. 한국의 경제 위기는 단지 국가만의 문제가 아니었다. 세계 경제가 휘청거렸고, 기업은 허리띠를 조여 매고 몸을 사리기 시작했다. 기업들은 구조조정을 통해 몸집 줄이기에 나섰고, 노동시장은 급격한 변화를 맞이하게 되었다. 불필요한 잉여 인력은 조직을 떠나야 했고, 덩달아 신규 고용시장은 얼

어붙기 시작했다. 좁아진 취업문을 통과하기 위해 신세대는 과거보다 치열한 경쟁을 벌여야 했다. 어렵게 취업에 성공했더라도 신세대 직장인은 경제적인 문제로부터 자유로워지지 않았다. 이미 오를 대로 오른 집값은 사회 초년생이 엄두조차 내기 힘든 지경이 되었고, 월급의 상당 부분을 임대료로 지불해야 하는 상황에 놓이게 되었다. 계속되는 저금리에 돈을 모으기조차 힘들게 되었다. 이래저래 힘겨워진 현실 앞에 신세대는 최초로 부모 세대보다 소득이 낮은 세대가 되었다. 직장 생활을 열심히 해도 기성세대처럼 풍요로운 경제생활이 요원해진 신세대는 직장을 바라보는 생각이 달라졌다. 이제 기성세대처럼 조직에 헌신하는 것이 무의미해졌기 때문이다.

셋째, 일하는 방식의 차이에서 발생한다.

조직에서 기성세대와 신세대는 일하는 방식에서도 큰 차이를 보인다. 대체로 기성세대는 업무에 있어 투입Input을 중요하게 생각한다. 투입한 시간과 노력의 양으로 일을 잘하는지 못하는지를 평가한다. 기성세대는 직장에서 오랫동안 머물수록, 근무시간이 길수록 일을 잘하는 사람이라고 생각하는 경향이 많다. 해서 기성세대는 상사가 퇴근하기 전에 부하가 먼저 퇴근하는 행위는 금기시했다. 그랬다가는 상사로부터 일을 못하는 사람 또는 게으른 사람으로 낙인찍힐 수 있기 때문이다. 신세대는 기성세대의 인풋Input 중심 사고에 반기를 든다. 신세대는 과정보다는 결과를, 투입 시간의 양보다는 업무의 질적 수준으로 평가받기를 원한다. 그래서 신세대는 정규 근무시간이 종료되면 상사의 퇴근 여부와 무관하게 퇴근한다. 또한 신세대는, 상사가 야근을 밥 먹듯이 하는 사람에 대해 더 좋게 평가하는 것을 합당하다고 생각하지 않는다. 업무에 있어서 인풋보다는 아웃풋이 더 중요하다고 믿기 때문이다.

일하는 방식에서 이러한 인식의 차이는 왜 발생하는 것일까? 여기에는 업무의 속성과 업무 수행 방식의 차이에서 그 원인을 찾아볼 수 있다. 기성세대가 한창 실무자로 일을 하던 시절의 한국 기업들은 선진 기업의 먼저 걸어간 길을 하루빨리 따라잡는 것이 중요했다. 시장을 선도할 수 있는 제품 개발 능력을 보유하지 못했기 때문에 경쟁자보다 얼마나 빨리 선진 기업을 모방할 수 있는가가 관건이었다(이를 경영 혁신에서는 그럴싸하게 '벤치마킹'이라고 부른다). 이를 위해서는 쉬는 시간을 줄여가며 열심히 노력하는 것이 가장 현실적인 방법이었다. 6,70년대에 시행했던 새마을운동의 모토인 '근면, 자조, 협동' 정신은 조직에서도 여전히 유효했다. 선두를 쫓아가기 위해서는 근면해야 했고, 경쟁자보다 많은 시간을 투입해야 했다. 이러한 상황에서는 색다른 발상이나 창의적 사고는 오히려 장애물로 작용했다. 시장에는 이미 모방해야 할 제품이 출시되어 있기 때문에 새로운 시도보다는 효율성을 높이기 위한 방법에 몰두해야 했다. 비효율을 낳지 않기 위해 정해진 형식과 규칙을 준수해야 했고, 강한 위계질서 아래서 팀워크를 발휘해야 했다.

그 사이 시장에서 한국 기업의 입지도 사뭇 달라졌다. 선두를 쫓아가던 한국 기업이 이제 자기 앞에 선 자가 아무도 없는 상황을 맞게 되었다. 그동안 앞만 보고 열심히 뛰다 보니 어느덧 선두의 자리에 오른 것이다. 이제 선두를 열심히 쫓아가는 일은 무의미해졌다. 자기보다 앞서 뛰는 자가 없어졌기 때문이다. 선두에 선 한국 기업은 이제부터 스스로 시장을 선도하고 새로운 길을 개척해야 하는 상황을 맞게 되었다. 이러한 환경에서 직장생활을 하는 신세대에게 더 이상 벤치마킹의 정신은 효과적인 수단이 되지 못했다. 이제부터는 창의성이 중요한 시기가 되었다. 기업들도 열심히 하는 인재보다는 창의적 인재를 요구했다. 창의적 인재는 열심히 오랫동안 근무하는 유형의 사람이 아니다. 창의성은 인풋의 양에 의해 결정되는 것도 아니고, 투입한 노력의 양과도 무관하기 때문이다. 창의적인 사람들은 대체로 강한 위계질서를 거부하고 정해진 형식이나 틀에서 벗어나려고 하는 경우가 많다. 그래야만 새로운 생각과 창의적 사고가 가능하기 때문이다.

이러한 조직을 바라보는 가치관, 경제력, 일하는 방식의 차이로 인해 기성세대와 신세대에게는 인식의 차이가 발생하게 되었고, 이는 조직 내 세대 갈등을 유발하는 기제로 작용되었다. 해서 오늘날 리더에게는 이러한 차이를 어떻게 줄일지가 중요한 과제로 대두되고 있다.

세대별
특징과
성향

- 조직에서의 세대 구분

세대란 세世와 대代의 합성어로 '세'는 사람의 한평생을 뜻하고, '대'는 대신하여 잇는다는 뜻이다. 본래 세와 대는 전통 사회에서 가계의 체계를 구성하는 핵심 개념으로 앞서 있는 선대와 뒤를 잇는 후대의 연속성을 의미하였다. 이런 측면에서 사전적 의미로 세대란 대략 30년 단위로 구분한다. 부모 세대와 자녀 세대의 연령 차이가 대략 30년 정도이기 때문이다. 그렇다면 조직에서도 세대를 구분할 때 30년 단위로 나누는 것이 적당할까? 그렇지 않다. 조직에서의 세대란 가계의 체계를 구분하는 것과는 다르기 때문이다. 앞에서 우리는 현대조직이 과거와는 달리 '세대 다양성'이 증가했고, 기성세대와 신세대를 비교하면서 그 차이에 대해서 논한 바 있다. 그렇다면 다양한 세대가 함께 공존하는 현대의 조직에서는 세대를 어떻게 구분하는 것이 좋을까? 다시 말해 세대를 구분하는 가장 적정한 기준은 무엇일까?

여기서도 가장 먼저 떠오르는 기준은 아무래도 '나이'다 앞에서 기성세대와 신세대를 나누는 기준도 대체로 연령대를 기준으로 구분한 것이다. 나이가 유사한 그룹은 같은 시기에 출생한 집단이라는 의미로 이해된다. 여기서 비슷한 시기에 출생했다는 사실이 의미를 가진다. 같은 또래의 사람들은 동일한 역사적 사건을 경험하고 생애 주기의 다양한 이벤트를 비슷하게 경험할 가능성이 높기 때문이다. 이와 같이 특정 세대를 이루는 사람끼리의 역사적, 문화적 경험의 공유는 다른 세대와 구분되는 그 세대만의 특유한 사고방식이나 행위 형태를 형성하는 데 영향을 미친다.

일찍이 세대 문제에 관심을 가지고 깊이 연구했던 독일의 사회학자 '카를 만하임'은 『세대문제』라는 그의 에세이에서 "청년세대는 '진보적'이며 구세대는 그 자체로 '보수적'이라는 가정만큼이나 허구적인 것은 없다."라고 선언하면서 단순한 기준으로 세대를 구분하는 것에 대한 위험성을 경고했다. 즉 단순히 나이만으로 세대를 구분하는 것에는 오류가 발생할 가능성이 높다는 것이다. 보수적인 청년도 있을 수 있고, 진보적인 구세대도 있을 수 있기 때문이다. 만하임에 따르면, 세대를 구분하는 기준은 현존 사회 구조 안에서 '당사자가 차지하고 있는 지위'의 영향을 받는다. 나이보다는 지위가 더 중요한 기준이라는 뜻이다. 가령 나이는 젊지만 조직에서의 지위가 고위층에 속한 사람이라면 보통의 신세대와는 다른 인식과 태도를 가진다는 뜻이다.

연령대만으로 세대를 구분하는 것은 올바르지 않다는 만하임의 경고에도 불구하고 우리나라에서는 나이를 기준으로 세대를 구분하는 것이 가장 합당해 보인다. 왜냐하면 오랜 기간 연공서열 중심의 인사관리 체제를 유지해왔던 한국 기업의 경우에는 나이와 지위는 상관관계가 매우 높은 변수이기 때문이다. 일부 예외적인 경우를 제외하고 한국 기업에서는 대체로 나이가 많을수록 지위가 높다. 해서 여기서는 세대를 구분하는 기준으로 나이와 관련된 변수—연령대, 생애 라이프 사이클과 주요 이벤트 등—를 기준으로 세대를 구분하고자 한다. 세대의 구분은 각 나라의 사정에 따라 조금씩 차이가 나지만, 일반적으로 현대 조직에서는 다음과 같이 세대를 구분한다.

2장 밀레니얼 세대, 그들은 누구인가

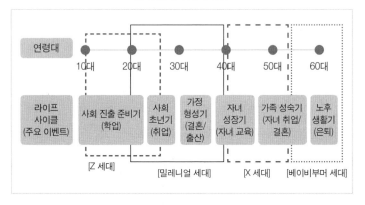

현대 조직의 세대 구분

| 연령대 | 10대 | 20대 | 30대 | 40대 | 50대 | 60대 |

| 라이프 사이클 (주요 이벤트) | 사회 진출 준비기 (학업) | 사회 초년기 (취업) | 가정 형성기 (결혼/ 출산) | 자녀 성장기 (자녀 교육) | 가족 성숙기 (자녀 취업/ 결혼) | 노후 생활기 (은퇴) |

[Z 세대]   [밀레니얼 세대]   [X 세대]   [베이비부머 세대]

(1) 베이비부머 세대 : 2차 세계대전이 끝난 1946년부터 1965년 사이에 태어난 세대. 전쟁과 혹독한 불경기를 겪은 후 사회적·경제적 안정 속에서 태어난 세대를 지칭한다.

(2) X 세대 : 베이비붐이 끝난 뒤 태어난 세대로 대략 1965 년에서 1980년 사이에 태어난 세대를 지칭한다.

(3) 밀레니얼 세대 : X 세대의 뒤를 잇는 세대로 'Y 세대'라고 부르기도 한다. 1980년대부터 2000년대 초반 사이에 태어난 세대로서, 베이비부머 세대의 자녀 세대를 지칭한다.

(4) Z 세대 : 밀레니얼 세대의 다음 세대로 정확하게 세대를 가르는 기준은 없으나, 인구통계학자들은 일반적으

로 1990년대 중반에서 2000년대 초반에 출생한 세대부터 2000년대 후반, 2010년대 초반까지 출생한 세대를 Z 세대로 분류한다. 연구자에 따라 밀레니얼 세대와 Z 세대는 일부 겹치기도 한다.

- 세대별 특징 및 성향

(1) 베이비부머 세대

베이비부머 세대는 각 나라의 사정에 따라 조금씩 다르지만 출생률이 다른 시기에 비해 현저하게 상승하는 베이비붐^{baby boom} 시기에 태어난 사람들이다. 미국의 경우 제2차 세계대전 이후인 1946년부터 1965년 사이에 출생한 세대를 지칭한다. 제2차 세계대전 기간 동안 떨어져 있던 부부들이 전쟁이 끝나자 다시 만나고, 미뤄졌던 결혼이 한꺼번에 이루어지면서 생겨난 세대이다. 한국에서는 한국전쟁 이후인 1955년부터 1965년 사이에 태어난 이들을 말하며, '단카이 세대'라 불리는 일본의 베이비부머 세대는 종전 후인 1947년부터 1949년 사이에 태어난 이들이다.

미국 역사상 제대로 교육받았다고 평가받는 베이비붐 세대는 이전 세대와는 달리 고도의 경제성장과 함께 자란 풍요로운 세대다. 이들은 이전 세대와 비교하면 전반적으로 향상된 생활수준을 누렸으며, 텔레비전을 보며 자란 첫 세대이기도 하다. 이들은 높은 교육 수준과 미디어의 영향으로 다양한 사회운동과 문화운동을 주도해 왔다. 로큰롤 음악과 히피문화가 베이비부머 세대의 대표적인 문화이며, 베트남 전쟁을 겪으면서 반전反戰운동을 전개했고, 성性 해방, 시민사회의 권리운동 등 사회운동에도 참여하였다. 과학기술의 발전, 에너지 위기, 우주선 시대를 겪었고, 1980~90년대의 소비주체가 되기도 했다. 지금은 정치, 사회, 경제 각 분야에서 기득권 계층을 형성하고 있다. 조직에서는 베이비부머가 고도성장기의 중추 역할을 담당했으며, 지금은 은퇴 중이거나 은퇴를 하였다. 그들 중 일부 성공한 이들은 조직에서 임원이나 경영진으로 여전히 영향력을 행사하고 있다.

(2) X 세대

X 세대라는 말은 1991년 캐나다의 더글러스 커플랜드 Douglas Coupland가 출간한 장편소설 『Generation X』에서 유래된 것으로 당시에는 신세대를 지칭하는 표현이었다. '이해하기 힘들다'는 의미를 가진 X 세대는 구속이나 관념의 틀에 얽매이지 않고, 자유롭게 생각하고 자신의 뜻대로 행동하는 특성을 보였다. 그래서 이들은 어디로 튈지 모르는 럭비공에 비유되기도 했다. 이들은 자기중심적이고 소비에 민감하며, 베이비부머 세대와는

달리 컴퓨터와 인터넷을 사용하는 데 불편함을 느끼지 않았다.

제2차 세계대전 이후 태어난 베이비부머 세대는 일하는 남편과 전업주부 사이에서 성장했던 반면 X 세대는 대개 맞벌이 부부에 의해 키워졌다. 이런 이유 때문에 X 세대는 '열쇠세대Key Generation'라고 부르기도 한다. 학교를 마친 후 집에 귀가해도 부모가 모두 일을 나가 있는 상태가 많았기 때문이다. 안정된 가정에서 자란 베이비부머 세대와는 달리 이혼 또는 별거한 부모 밑에서 자란 비율이 많아서 X 세대는 가정에 대한 동경과 반발 심리를 동시에 갖고 있다. X 세대는 직업관에 있어서도 이전 세대와는 차이를 보였다. 이들은 이전 세대에 비해 직장에 대한 소속감이나 충성심이 약하고, 한 직장에 오래 머물지 않았다. 안정적인 고도성장을 경험한 이전 세대와 달리 X 세대는 저성장과 고용시장의 불안정을 경험하면서 직장에 대한 맹목적인 충성심을 가지지도 않았다. 많은 기업들이 경영효율과 비용절감을 이유로 대규모 해고를 감행하는 사례를 목도하면서 평생직장에 대한 기대도 갖지 않게 되었다.

가정에서도 홀로 자란 X 세대는 조직에서도 독립적인 성향이 강한 편이다. 조직보다는 '일 자체'에 관심을 더 많이 가진다. 기성세대에 비해 다분히 진보적인 성향을 나타낸다. 하지만 X 세대도 어느덧 조직에서 상위 계층에 위치하다 보니 '신세대'

라고 분류되었던 시절과는 사뭇 다른 특성을 보이기도 한다.

(3) 밀레니얼 세대

일명 'Y 세대'라 불리는 밀레니얼 세대는 새천년이 시작되는 것과 관련이 있다. Y 세대는 지난 1997년에 미국에서 2000년, 즉 Y2000의 주역이 될 세대를 부르면서 생겨난 용어이다. 밀레니얼 세대라고도 부르고, 베이비부머 세대가 낳았다고 해서 에코(부머) 세대라고도 부른다. 닐 하우와 윌리엄 스트라우스는 함께 펴낸 『새천년 세대의 부상Millennnials rising』이라는 책에서, 밀레니얼 세대는 앞 세대들보다 덜 반항적이며 더 실용적인 생각을 갖고 있으며 개인의 가치보다는 집단의 가치를, 권리보다는 의무를, 감정보다는 명예를, 말보다는 행동을 중시하는 경향이 있다고 특징지었다. 이들은 비틀즈보다 스파이스 걸스를 좋아하며, 정치 참여보다는 자원봉사를 미덕으로 여긴다.

밀레니얼 세대(Y 세대)는 이전의 X 세대 특성을 거의 그대로 수용하고 있지만 생활양식 면에서는 차이를 보인다. X 세대가 개성이 강하고 목표의식이 뚜렷하지만 '우리'보다는 '나'만 아는 세대였다면 야구 모자를 쓰고 정장을 한 Y 세대는 이전 세대와는 달리 밝은 가치관과 공동체의식을 갖고 있다. 이들은 컴퓨터 사용에도 능해서 어릴 때부터 컴퓨터를 이용해 각종 정보를 수

집하거나 교환하며 오락을 즐기는 데 많은 시간을 할애해왔다. X 세대는 "나는 남과 다르다."라고 말하며 자신의 차별적 특징을 의식적으로 강조했지만, Y 세대는 "나는 나다."라고 말하면서 자신의 개성을 추구했다.

(4) Z 세대

X 세대와 Y 세대의 다음 세대라는 의미로 이름 붙여진 Z 세대는 유행에 극히 민감한 세대이다. Z 세대를 규정하는 가장 큰 특징은 '디지털 원주민Digital native'이다. 2000년 초반 정보기술IT의 급성장을 배경으로 유년 시절부터 인터넷과 모바일 등 디지털 환경에 노출된 세대로 삶의 전반에 디지털이 깊숙이 침투해 있다. 이들은 소셜미디어를 적극 활용하며 취미, 여가, 대인관계도 오프라인보다는 온라인에서 더 활발하게 경험한다. 소비에 있어서도 X나 Y 세대가 이상주의적인 반면 Z 세대는 개인적이고 독립적이며 경제적 가치를 우선시한다.

- 각 세대별 유형 구분

앞에서 살펴보았듯 각 세대 간 특징들은 혼재되어 있어 일목요연하게 분류하기가 쉽지 않다. 따라서 연구 목적과 활용성을 감안하여 두 가지 관점으로 각 세대별 유형을 구분하고자 한다. ① 조직과 개인 중에서 어느 쪽을 더 우선시하는가? ② 안전과 변화 중에서 어느 쪽을 지향하는가? 그리고 이 두 가지를 축으로 하여 각 세대의 유형을 그림으로 나타내면 다음과 같다.

각 세대별 유형 구분

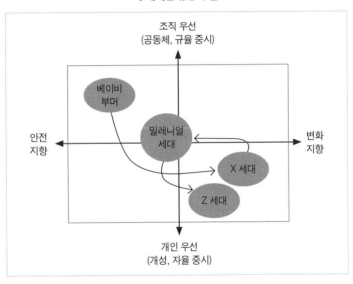

고도성장 시기 풍요로운 환경에서 자란 베이비부머가 안전 지향 성향에다 조직을 우선시하는 보수적인 성향을 보인다면, 다음 세대인 X 세대는 구속이나 틀에 얽매이지 않은 자유를 추구하고 조직보다는 개인을 우선시하는 진보적 성향을 보인다.

이후에 나타난 밀레니얼 세대는 X 세대의 반작용으로 오히려 베이비부머와 유사한 성향을 보인다. 이들은 상대적으로 덜 개인적이고 공동체를 우선시하는 경향이 있다. 이에 반해 Z 세대는 유행과 개성을 추구함으로써 변화를 지향하고 개인을 우선시하는 특성을 보인다. 결국 각 세대는 시대적 특성과 환경의 영향을 받으면서도 이전 세대와는 반대되는 일종의 변증법적인 변화 과정을 거쳐 왔다고 요약할 수 있겠다.

- 세대 구분 및 특성 분류 시 고려할 점

학자나 연구자들이 세대를 구분할 때, 또 그렇게 구분한 결과를 읽을 때 유의해야 할 사항이 두 가지가 있다.

첫째, 세대를 분류하는 기준이 절대적이지 않다는 점이다. 흔히 사람들이 시대나 역사를 구분할 때, 대체로 현재와 가까운 시기는 '세밀하게' 분류하지만 먼 과거일수록 '느슨하게' 묶는다. 정치나 행정 체제를 시대별로 구분할 때도 최근에는 '문재인 정부, 이명박 정부, 박근혜 정부, 노무현 정부' 등 행정 수반을 기준으로 짧은 간격으로 세밀하게 구분하지만, 519년간 27명의 왕이 통치했던 조선의 왕조 시기는 통틀어서 '조선시대'라고 묶어서 분류한다. 시대 구분에 있어서도 분류자의 시선에 원근감이 작용하기 때문이다. 아무래도 가까운 시기는 자세하게 보이는 반면, 먼 시기는 희미하게 보이기 마련이다.

세대를 구분하는 데 있어서도 이러한 원리는 동일하게 적용된다. 베이비부머 이후 세대로, 1965년부터 1980년 사이에 출생한 사람들도 당시에는 민주화 세대, 386 세대, 서태지와 아이들 세대, IMF 세대, X 세대 등으로 세밀하게 구분하기도 했다. 하지만 세월이 지난 지금은 느슨하게 묶어서 'X 세대'라고 통칭하고 있다. 당시로서는 그들 간에도 유의미한 차이가 존재하였지만, 세월이 지난 지금은 그 차이가 별로 나타나지 않기 때문이다. 이런 이유 때문에 여기서 분류하고 있는 세대 구분도 세월이 흐른 뒤에는 다르게 분류될 수도 있다. 여기서는 집필 목적에 맞게 '베이비부머 세대–X 세대–밀레니얼 세대(Y 세대)–Z 세대'로 구분하기로 한다.

둘째, 세대의 특성이 고정되어 있지 않다는 점이다. 앞에서 우리는 각 세대의 특징 및 성향을 살펴보았다. 그 내용은 현재 시점의 세대별 특징을 말하는가? 그렇지 않다. 학자들이 세대의 특징을 연구하는 시점은 대체로 새로운 세대가 기존 사회의 주류 세력으로 편입되는 시점이다. 각 세대가 당시 사회의 주류로 진입하던 시점, 다시 말해 그들이 젊었던 시절에 보였던 특성을 나타낸 것이다. 따라서 세월이 흐른 지금도 그 특성이 변함없이 유지되고 있다고 보기 어렵다. 세월이 지나면 그들의 사회적 지위와 역할도 달라지기 때문에 가치관이나 행동양식도 변하기 마련이다. 그렇기 때문에 현재 시점에서는 베이비부머나 X 세대의 성향이 많이 변했다고 봐야 한다. 그들은 자신들이 자라면서 경험했던 성장 배경의 영향도 있지만 사회적 지위나 역할로 인해 기득권을 가진 기성세대로서의 특성도 함께 가지게 되었다. 이러한 관점을 감안하여 앞서 제시했던 각 세대별 유형 구분을 현재 시점에서 재배치하면 다음과 같다.

각 세대별 유형 구분(현재 시점)

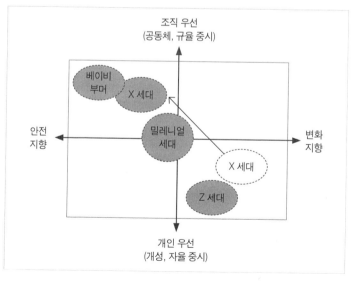

그림에서 보는 것처럼 X 세대의 특성이 과거보다 많이 변했다. 그들이 젊었던 시절에는 변화 지향적이고 개인을 우선시하던 진보적 성향을 보였다. 하지만 지금은 안전 지향과 조직을 우선시하는 보수적 성향으로 변모하였다. 현재에는 그들의 선배 세대인 베이비부머와 유사한 기성세대의 특성을 보인다고 할 수 있다. 아무래도 나이가 들고, 조직에서의 지위나 역할의 변화로 인해 삶의 가치관과 행동양식이 바뀐 것으로 이해된다. 여기서는 X 세대인 리더와 밀레니얼 세대인 부하 직원과의 관계를 중심으로 언급할 계획이므로 지금의 특성을 바탕으로 하여 논의를 전개할 예정이다.

밀레니얼 세대에
대해서
알아보자

- 밀레니얼 세대의 특징을 보여주는 사회현상

1980년부터 2000년대 초반까지 출생한 밀레니얼 세대는 어느덧 조직에서도 실무를 담당하는 중추 세력이 되었다. 말하자면 조직과 노동시장에서 주류가 된 것이다. 따라서 이들 밀레니얼 세대에 대한 이해와 관심이 커지고 있는 상황이다. 밀레니얼 세대, 그들은 누구일까? 밀레니얼 세대에 대해 구체적으로 알아보기 전에 밀레니얼 세대의 특징을 보여주는 사회현상을 살펴보기로 하자. 어느 시대건 특징적인 사회현상은 그 사회의 주류 계층에 의해서 형성되는 경우가 많기 때문이다. 다음은 밀레니얼 세대에 특히 나타나고 있는 사회현상이다.

(1) 워라밸(WLB)

워라밸은 일과 삶의 균형을 뜻하는 영어 표현 work and life balance의 발음을 우리말로 줄여 만든 신조어로 개인의 일 Work과 생활Life이 조화롭게 균형을 유지하고 있는 상태를 의미한다. 원래 이 개념은 일과 가정의 양립이 어려운 기혼 여성의 문제에 한정되어 사용되다가 최근에는 남녀, 기혼, 미혼을 불문하고 모든 근로자에 대한 이슈로 확대되었다. 오늘날 기업들은 직원에 대한 보상이나 처우 문제뿐만 아니라 워라밸에 대해서도 많은 관심을 기울이고 있다. 구성원의 행복과 직장 생활 만족도에 중요한 영향을 미칠 뿐만 아니라, 우수 인재들이 기업을 선택할 때 기업의 워라밸 수준까지 고려하는 경향이 많아졌기 때문이다. 해서 오늘날 많은 기업에서는 탄력적 근무시간제, 보육이나 간호에 대한 지원, 건강 촉진, 교육 지원, 장기휴가 제도 등 다양한 프로그램을 통해 직원들의 워라밸을 지원하고 있다.

(2) 욜로(YOLO)

욜로는 '인생은 한번 뿐이다You Only Live Once.'라는 말의 영어 앞 글자를 딴 용어로 '현재-자신'의 행복을 가장 중요시하며 사는 것을 말한다. '한번 뿐인 인생 즐기면서 살자.'라는 주의다. 기성세대가 내일의 행복을 위해 오늘의 고통을 감수하며 살았다면, 욜로족은 이러한 태도에 반기를 든다. 이들은 '미래-타인'을 위해 희생하지 않고 '자신의 현재' 행복을 위해 적극적으로 소비한다. 그래서 내 집 마련, 노후 준비보다는 지금 당장 행복을 추구하는 길을 택한다. 이들은 삶의 질을 높여줄 수 있는 취미생활, 여가활동, 자기계발 등에 아낌없이 돈을 쓴다. 이들의 소비는 단순히 물욕을 채우는 것을 넘어 자신의 이상을 실현하는 과정에 있다는 점에서 충동구매와 구별된다.

(3) 소확행

소확행은 '작지만 확실한 행복'이라는 뜻으로, 일상에서 느낄 수 있는 작지만 확실하게 실현 가능한 행복 또는 그러한 행복을 추구하는 삶의 경향을 말한다. 이 말은 일본의 소설가 무라카미 하루키의 책 『랑겔한스섬의 오후』에서 처음 사용된 표현으로, 하루키는 여기서 행복을 '갓 구운 빵을 손으로 찢어 먹는 것, 서랍 안에 반듯하게 접어 넣은 속옷이 잔뜩 쌓여 있는 것, 새로 산 정결한 면 냄새가 풍기는 하얀 셔츠를 머리에서부터 뒤집어쓸 때의 기분'이라고 정의했다. 행복이 크고 거창한 것이 아니라 일상에는 느끼는 작은 즐거움 속에 있다는 뜻이다. 따라서 소확행을 추구하는 사람은 주택 구입, 취업, 결혼 등 크지만 성취가 불확실한 행복을 좇기보다는 일상의 작지만 성취하기 쉬운 소소한 행복을 추구하며 살아간다.

(4) 가심비

'가격 대비 성능'을 뜻하는 가성비價性比에 마음 심心을 더한 것으로 심리적 만족감까지 중시하는 소비 형태를 일컫는 말이다. 가성비의 경우 가격이 싸고 성능이 좋은 것을 고르지만 가심비의 경우 조금 비싸더라도 자신의 마음을 끄는 것이면 적극적으로 구매한다. 즉 가격보다는 만족감을 더 중시하는 소비 형태를 말한다.

이러한 워라밸, 욜로, 소확행, 가심비 등의 사회현상은 밀레니얼 세대의 삶의 방식이나 가치 기준이 이전 세대와는 달라지고 있음을 보여주고 있다. 이들은 전통적인 경제학의 여러 법칙들을 무시하고 자기들만의 삶의 방식과 기준으로 살아가고 있는데, 이러한 세태는 시대 환경의 변화에 따른 자연스럽고 필연적인 선택이기도 하지만 기성세대의 눈으로 볼 때는 오해를 불러오는 측면도 있다.

- 밀레니얼 세대에 대한 편견과 오해

밀레니얼 세대는 기성세대와 정말 다를까? 리더십 전문가인 제니퍼 딜과 조직개발 전문가인 알렉 레빈슨은 22개국 25,000명의 밀레니얼 세대를 설문 조사한 끝에 그들이 조직에서 원하는 바를 정리하였다. 제니퍼 딜과 알렉 레빈슨은 『밀레니얼 세대가 일터에서 원하는 것What millennials want from work』이라는 책에서 "밀레니얼 세대와 X 세대, 베이비부머 세대의 공통점이 생각보다 많다."라고 주장했는데, 그들의 연구 결과를 간단히 요약하면 다음과 같다.

밀레니얼 세대가 원하고 있는 것은 기성세대가 원했던 것과 동일했다. 즐거운 일을 하면서 충분한 연봉을 받기, 좋아하고 신뢰할 수 있는 사람들과 함께 일하기, 개인적 발전과 승진할 수 있는 기회를 얻기, 정기적으로 자신의 행동에 대한 평가와 인정받기, 한 직장에서 지속적으로 일하기. 그들이 중요하게 생각하는 분야는 3가지였다. 함께 일하는 동료, 일그 자체, 기회.

어떤가? 밀레니얼 세대가 원하는 것이 기성세대와 차이가 있다고 생각하는가? 물론 개인마다 우선순위나 정도의 차이는 있겠지만, 인간이라면 누구나 가지는 기본적인 욕구라고 보아도 크게 다르지 않다. 하지만 그럼에도 조직 내에서 기성세대가 밀레니얼 세대에게 갖는 편견과 오해는 적지 않다. 다음은 어떤 신문에 나온 특정 세대에 대한 평가다.

① 특권 의식이 있고 나르시시즘에 빠져 있으며 자기 권리만 내세우고 버릇없이 자랐으며 게을러터진 세대다.

② 이들은 회사 내에서 승진 사다리를 올라갈 바에야 차라리 히말라야 산에 오르는 것이 더 낫다고 말한다. 이들은 자신이 좋아하는 연예인 이 TV에 나오면 열광하다가도 순식간에 채널을 옮긴다. (중략) 또한 직장을 구하고 결혼해야 할 시기가 돼도 그러한 통과의례를 거치기 를 주저한다.

어떤 세대를 묘사한 것일까? ①은 1968년 5월 17일 잡지 『라이프』에 실린 베이비부머 세대에 대해 내용이다. ②는 1990년 7월호 미국 시사 주간지 『타임』에 실린 X 세대의 특징이다. 영국의 소설가 조지 오웰은 "각 세대는 저마다 자기 앞 세대보다 머리가 좋고 뒤 세대보다 좀 더 지혜로울 것이라고 상상한다."라고 말한 바 있다. 시대를 막론하고 기성세대는 젊은 세대들을 못마땅하게 생각했다. 이러한 현상은 오늘날에도 여전하다. 베이비부머나 X 세대가 젊은 세대인 밀레니얼 세대를 바라보는 시각도 편견과 오해로 가득하다. 밀레니얼 세대를 바라보는 선배 세대의 평가는 대체로 다음과 같다.

- 밀레니얼 세대는 예의가 없다.
- 힘든 일을 싫어한다.
- 자기주장이 강하다.
- 보상에 관심이 많다.
- 충성심이 낮다.

밀레니얼 세대를 바라보는 선배 세대의 평가에 동의하는가? 얼핏 보면 밀레니얼 세대는 그 이전의 선배들보다 이러한 특성을 조금 더 많이 가진 듯하다. 하지만 솔직하게 말하면 밀레니얼 세대를 향한 이러한 평가는 객관적이라고 보기 어렵다. 오히려 선배들의 편향된 시각이 가미된 결과다.

밀레니얼 세대는 예의가 없다? 우리가 아는 한, 젊은이는 1700년 전부터 대체로 예의가 없었다. 어른들의 눈에 젊은이들의 예의 없음은 어제오늘의 일이 아니다. 항상 그래왔다. 힘든 일을 싫어한다? 이 또한 당연한 것 아닐까. 인간은 누구나 힘든 일은 싫어한다. 다만 힘든 일도 무엇인가 동인動因이 있을 때는 기꺼이 하게 된다. 밀레니얼 세대라고 해서 힘든 일을 피하는 것은 아니다. 그들은 의미 없는 일을 왜 해야 하는지 알고 싶을 뿐이다. 자기주장이 강하다? 이 또한 편견이다. 밀레니얼 세대는 자신의 주장을 표현할 뿐이다. 기성세대는 자기주장을 표현하는 데 미숙하고 머뭇거렸다. 그렇다면 자신의 주장을 나타내는 밀레니얼 세대가 정상이고 자기주장을 표현하지 못한 선배 세대가 잘못된 건 아닐까? 보상에 관심이 많다? 이것 역시 밀레니얼 세대만 보상에 관심이 많을까? 그렇지 않다. 인간이라면 누구나 보상에 관심이 많다. 다만 선배 세대는 이미 어느 정도의 보상이 보장된 상황이라면, 젊은 세대에 속하는 밀레니얼들은 보장된 보상 금액이 적다(기본 연봉이 낮다). 그래서 보상에 더 신경을 쓰는 것처럼 보일 뿐이다. 충성심이 낮다? 밀레니얼 세대도 충성심이 있다. 다만 선배 세대와 충성을 다하는 대상이 다를 뿐이다. 조직과 개인을 동일시했던 선배 세대들은 조직을 향해 충성을 다했다. 그들은 '조직 몰입'이 성공 방정식의 중요한 변수라고 생각했다. 반면 밀레니얼 세대는 자신의 경력에 더 큰 무게중심을 둔다. 해서 그들은 조직이나 상사가 아닌 자신의 경력에 정성을 다한다.

스테레오타입stereotype이란 말이 있다. 이는 '어떤 특정한 대상이나 집단에 대하여 많은 사람이 공통으로 가지는 비교적 고정된 견해와 사고'를 말하는데, 흔히 고정관념이라고 번역하기도 한다. 밀레니얼 세대를 향한 선배 세대의 평가도 일종의 스테레오타입이다. 이러한 스테레오타입은 뚜렷한 근거가 없고 감정적인 판단에 의거한 경우가 많다.

사람은 왜 스테레오타입을 고집할까? 가장 큰 이유는 정보처리의 효율성과 신속성 때문이다. 인간은 스테레오타입에 의존하지 않은 채 일상생활에서 만나는 대상들을 매번 새롭게 지각하는 것이 거의 불가능하다. 대부분 스테레오타입으로 대상을 평가해야 정보를 신속하게 처리할 수 있고 편리하다. 하지만 이러한 편리성 뒤에는 부작용이 도사리고 있다. 보편적인 특성에서 벗어난 대상에 대한 평가에서는 오류를 범할 확률이 높다. 조직 생활에서도 마찬가지다. 선배 세대가 밀레니얼 세대를 스테레오타입으로 평가하면 편리한 측면이 있다. 하지만 그들 개개인의 특성을 포착하는 데 실패할 가능성이 높다. 또한 스테레오타입에 따른 평가는 뚜렷한 근거가 없고 감정적인 판단으로 흐르는 경우가 많기 때문에 편향된 시각이 될 가능성이 높다. 해서 밀레니얼 세대를 좀 더 자세히 알아볼 필요가 있다.

- 밀레니얼 세대, 그들이 궁금하다

밀레니얼 세대는 구체적으로 어떤 사람인가? 밀레니얼 세대는 다음과 같은 특성을 가졌다.

밀레니얼 세대, 그들이 궁금하다

〈출처 : 『밀레니얼 세대에게 팔아라』에서 발췌, 수정〉

- 자신감이 넘치고 자기애가 강하다.
- 기업 활동에서 자기 목소리를 내고 싶어 한다.
- SNS 활동이 활발하고 잘 때조차 스마트폰을 가까이 둔다.
- 각종 IT 기계를 가장 먼저 구매하고 능숙하게 사용한다.
- 온라인 쇼핑을 즐기며, 브랜드보다는 가격을 중시한다.

- 세계 모든 대륙을 다녀보고 싶어 할 정도로 여행과 모험을 즐긴다.
- '착한 기업' 제품을 선호한다. 가격이 조금 더 비싸더라도 이런 기업 제품을 이용하려 한다.

즉 밀레니얼 세대는 이전 세대에 비해 개인적이며 모바일과 소셜네트워크서비스SNS 이용에 능숙하다. 시기적으로는 2007년 글로벌 금융 위기 이후에 사회생활을 시작해 선배 세대에 비해 물질적으로 궁핍해서 결혼이나 내 집 마련을 포기하거나 미루는 특징을 보이기도 한다. 이들은 미래보다는 현재에 충실하고, 고가보다는 저가의 물건을 선호하며, 온라인상에서 자신을 드러내고 타인과 관계를 맺으며, 자기만의 개성을 드러내는 데 주저함이 없다. 이는 이전의 선배 세대와는 전혀 다른 특성이다.

4

밀레니얼
세대를 위한
리더십 과제

- 밀레니얼 세대 직장인들의 독특성

이전 세대와 다른 특성을 보이는 밀레니얼 세대는 조직에서의 영향력은 한층 커졌다. 이제 조직의 중추 세력으로 급부상한 밀레니얼 세대는 기존의 선배 세대와는 다른 특성으로 조직의 문화마저 변화시키는 주체가 되고 있기 때문이다. 직장 생활을 하는 밀레니얼 세대는 조직 내에서 어떤 특성을 보일까? 대략 다음과 같다.

(1) 행복과 성공의 기준이 '나'에게 있다.

2013년 5월 미국 시사 주간지 『타임』에서는 밀레니얼 세대를 '나나나 세대Me Me Me Generation'로 정의하였다. 기성세대가 성공과 행복의 척도를 사회적 기준에 두었던 것과 달리 밀레니얼 세대는 행복과 성공의 척도를 '나'를 중심으로 설정하기 때문이다. 그래서 밀레니얼 세대는 성공과 행복은 개개인에 따라 다르다고 여긴다. 일본의 저명한 사회학자인 후루이치 노리토시가 『절망의 나라의 행복한 젊은이들』이라는 책에서 일본의 젊은 세대들이 '돈'이나 '명예'보다는 '자기 충족적인 행복'을 추구하고 있다고 말한 것도 동일한 맥락이다. 이처럼 성공과 행복의 기준이 자신이 되다 보니 이전 세대에 비해 성공과 행복의 방정식이 다양해졌다. 예전에는 높은 지위와 많은 연봉이 성공의 척도였다면, 밀레니얼 세대는 자신이 좋아하는 취미를 즐기고 의미 있는 삶을 사는 것도 성공이며 행복한 삶이라고 생각한다. 이처럼 밀레니얼 세대는 이전 세대가 중요하게 여겼던 돈이나 명예보다 훨씬 다양한 가치를 행복의 요소로 인식하고 있다.

(2) 집단의식이 약하고 사생활이 보장되기를 바란다.

밀레니얼 세대는 집단의식이 약하고 개인주의 성향이 강하다. 조직과 개인을 동일시했던 선배 세대와는 달리 개인과 조직을 별개로 생각하는 밀레니얼 세대의 특성은 조직에서 집단으로 함께해야 하는 상황에서 기성세대와 다른 특성을 보인다. 상대적으로 집단주의 성향이 강했던 기성세대는 주말이나 야근 등 근무 외 시간에 대한 수용도가 높았다. 필요하다면 조직을 위해 개인의 희생은 불가피하다고 보기 때문이다. 그러나 개인주의 성향이 강한 밀레니얼 세대는 불필요한 야근이나 과도한 회식을 꺼린다. 아무리 좋은 의도나 목적을 가졌더라도 근무 외 시간에 대한 활동은 사생활 침해로 여기기 때문이다. 따라서 밀레니얼 세대는 과거의 비합리적인 집단 문화에 거부감을 느끼고 반발하는 경우가 많다. 이처럼 밀레니얼 세대는 유연한 근무시간, 본인이 원할 때 눈치 보지 않고 쓸 수 있는 휴가 등을 원하지만 이런 시스템이 보장되지 않은 조직에서는 갈등의 요인이 되기도 한다.

(3) 자신의 미래에 대한 불안감이 높다.

고도성장기에 직장 생활을 시작한 선배 세대와는 달리 저성장기에서 조직 생활을 하고 있는 밀레니얼 세대는 선배들보다 미래에 대한 불안감이 높다. 이제 평생직장의 개념이 사라진 지 오래고 조직 내에서 롱런하겠다는 생각조차 가지지 않는다. 잦은 구조조정과 상시적인 명예퇴직을 목도하면서 조직과의 관계도 느슨해졌다. 상대적으로 안정적이라고 여겼던 대기업조차 대규모 인력감축을 실시하고, 구조조정의 범위도 나이든 직원만이 아니라 대리, 사원급까지 확대되면서 밀레니얼 세대는 젊은 나이에 일자리에 대한 불안감을 가지게 되었다. 구조조정이 아니더라도 경기가 저성장기로 진입하면서 예전과 같은 자리post가 만들어지지 않게 되었다. 그로 인해 이제 막 조직에서 자리를 잡기 시작하는 밀레니얼 세대는 조직 내에서 성공 확률이 과거보다 낮아졌다. 또 기술의 발전이나 변화의 속도가 너무 빨라서 자신이 속한 조직과 사업군이 시장에서의 지배적인 지위를 잃어버리게 되면 덩달아 자신의 위치도 사라질 수 있기에 더욱 불안감은 가중된다. 이러한 여러 요인들로 인해 밀레니얼 세대는 현재의 직장에서 오랫동안 자리를 보존할 수 있다는 믿음을 갖지 않게 되었고, 기회가 있다면 미련 없이 직장을 그만둘 수도 있다고 생각하게 되었다.

(4) 일의 가치와 의미를 중요하게 생각한다.

밀레니얼 세대 직장인들은 기존 세대보다 일의 가치나 의미를 중요하게 생각하는 경향이 있다. 2015년 메리 미커의 「인터넷 동향 보고서」에 따르면 밀레니얼 세대에게 가장 중요한 것은 '높은 금전적 보상'이 아니라 '의미 있는 일'이었다. 2016년 한국경영자총협회에서 발간한 보고서에 따르면 1년 내 퇴사하는 신입사원들의 퇴직 사유에서 조직 및 직무 실패(49.1%)가 급여 및 복리후생(20.1%)보다 훨씬 더 높게 나타났다. 밀레니얼 세대가 의미 있는 일을 선호하다 보니 단순하거나 가치가 없다고 생각되는 일은 회피하려는 경향을 보인다. 대신 의미나 가치가 있다고 생각되면 야근이나 주말 근무도 마다하지 않고 업무에 몰입하고 헌신하기도 한다. 하지만 현실적으로 보자면 조직에서 자기가 하고 싶은 일만 하며 살 수 있는 경우는 드물다. 조직에서는 '하고 싶은 일'보다는 의미나 가치와는 무관하게 '해야만 하는 일'이 더 많은 것이 일반적인데, 이제 일을 시작하는 젊은 직원들이 해야 할 일을 제쳐 두고 하고 싶은 일만 하다 보면 조직 내 갈등으로 이어지기 쉽다.

(5) 수평적 커뮤니케이션을 원한다.

밀레니얼 세대 직장인들은 수평적이고 자유로운 커뮤니케이션에 익숙해져 있는 세대다. 따라서 강압적이고 일방적인 지시적 커뮤니케이션에는 고통을 호소하기도 한다. 이들은 '사회관계망 서비스SNS'에 익숙한 세대로 자신의 의견이나 주장을 별거리낌 없이 내뱉는 경향이 높다. 이러한 태도는 위계적인 커뮤니케이션에 익숙해져 있는 선배 세대에게는 자칫 무례하게 비춰질 수도 있다. 밀레니얼 세대는 대인관계 유지를 위해 페이스북을 사용하고, 자기표현을 위해서 인스타그램을 이용하며, 자신의 커리어를 PR하기 위해서는 링크드인을 사용한다. 이들은 SNS를 통해 자신의 의사를 바로바로 전달하고, 다른 사람들로부터 즉각적인 관심과 반응을 수용하는 메커니즘에 익숙해져 있다. 이러한 습성을 가진 밀레니얼 세대는 회사 내에서도 즉각적인 피드백과 일상적인 커뮤니케이션을 기대하고 있다. 그들에게는 위계 조직의 일방적인 커뮤니케이션 방식, 경직된 피드백 시스템, 여러 단계를 거치는 의사결정 과정 등은 익숙하지도 않을 뿐 아니라 매우 피곤한 일이라고 생각한다.

- 밀레니얼 세대를 이끌기 위한 리더십 과제

지금까지 살펴본 바에 의하면, 밀레니얼 세대의 가치관은 기성세대와는 많은 차이가 있음을 알 수 있다. 이렇듯 밀레니얼 세대의 가치관이 기성세대와 크게 달라지고 있지만, 조직의 환경이나 밀레니얼 세대를 리드하는 관리자의 인식은 과거에 머무르고 있는 경우가 많다. 조직 내 밀레니얼 세대의 비중이 높아지고 그들이 중추적인 역할을 담당해야 하는 상황에서 그들을 제대로 이끌기 위한 방법의 모색이 중요해진다.

『창조적 학습사회』에서 조지프 스티글리츠는 젊은 사람들에게 학습의 효과가 더 크기 때문에 미래에는 젊은 사람이 주도하는 선도 기업들이 좋은 성과를 낼 수 있다고 주장했다. 그의 주장에 따르면 미래 기업의 성과는 젊은 세대, 요즘으로 말하면 밀레니얼 세대를 얼마나 잘 개발하고 활용하는가에 달렸다. 조직의 중추 세력인 밀레니얼 세대 구성원들의 동기를 잘 촉진하고 일에 대한 몰입도를 높일 수 있다면, 급변하는 경영 환경에서도 유리한 입장에 설 수 있음은 두말할 나위도 없을 것이다. 말하자면 밀레니얼 세대를 효과적으로 이끌기 위한 리더십 과제가 남아 있는 셈이다. 무엇이 필요할까? 대략 다음과 같은 질문과 과제가 우리에게 남겨져 있다.

- 밀레니얼 세대에게 맞는 새로운 리더십은 무엇인가?
- 새로운 리더십은 기존의 리더십과 무엇이 다른가?
- 밀레니얼 세대가 원하는 조직과 리더의 모습은 무엇인가?
- 밀레니얼 세대에게 영향력을 발휘하기 위해서 리더가 갖추어야 할 것은 무엇인가?
- 밀레니얼 세대와 바람직한 관계 설정은 구체적으로 어떤 모습인가?
- 밀레니얼 세대에게 맞는 효과적인 동기부여 방법은 무엇인가?
- 밀레니얼 세대와 더불어 소통하기 위한 방법과 절차는 무엇인가?
- 여러 세대가 공존하는 조직 상황에서 세대를 뛰어넘어

함께 일하기 위해 필요한 것은 무엇인가?

이제 밀레니얼 세대를 이끌어야 할 리더에게 남겨진 과제들을 하나씩 살펴보기로 하자.

3장

리더십의
원리를 알아야
변용도
가능하다

X 세대 팀장과 밀레니얼 세대 팀원의 동상이몽

　　X 팀장은 M 대리와 모처럼 진지한 대화의 시간을 가졌다. 그동안은 너무 영업 실적이나 회사 업무에 대한 이야기만 해서 인간적인 교류가 부족했다고 느꼈기 때문이다. 더구나 M 대리의 부인이 둘째를 임신하면서 휴직을 한 상황이라 가장으로서의 책임감도 커졌을 것이라고 생각했다. 이를 계기로 조직 내 M 대리의 역할을 다시 한 번 강조하고 싶은 마음도 있었다. X 팀장은 M 대리를 조용한 회의실에 불러서 조직에서의 성장, 개인의 꿈과 미래 등에 대한 대화를 진지하게 나누었다. X 팀장이 M 대리에게 조언한 내용은 대략 이러했다.

"이제 자네도 삼십 대 중반을 넘어서고 있으니 조직에서의 미래를 설계해야 하지 않겠나. 알다시피 요즘은 경쟁이 심해서 과거처럼 연차가 되었다고 무조건 승진시켜주는 시대는 지났어. 게다가 둘째 아이도 생겼으니 가장으로서 책임감을 더 크게 가져야 할 시기가 아닌가. 그러니 지금부터는 조금 더 막중한 책임감을 가지고 업무에 매진해야 할 거야. 팀장인 나도 자네의 승진에 각별히 신경을 쓰도록 하겠네."

팀장의 진심 어린 조언과 격려에 M 대리도 진지하게 반응하는 듯 보였다. X 팀장도 그간 지나치게 업무나 실적만 챙기느라 부하 직원의 입장에서 그들의 미래를 생각하지 못한 것을 반성하면서, 한편으로는 이제라도 그런 부분을 신경 쓰는 자신의 모습에 흐뭇해졌다. 또 자기의 말을 경청하는 M 대리를 보면서 앞으로 서로의 관계도 미래지향적으로 발전하리라 기대하게 되었다. 그런데 이러한 팀장의 기대는 부질없음이 밝혀졌다. 그날 저녁에 M 대리가 술자리에서 동기와 나누었던 대화 내용을 다른 사람을 통해 전해 들었기 때문이다. M 대리는 술자리에서 그날 있었던 팀장과의 면담에 대해 이렇게 말했다고 한다.

"오늘 낮에 X 팀장이 이상한 소리를 해서 죽는 줄 알았어. 평소와 달리 갑자기 나의 꿈이나 조직에서의 성장과 같은 이상한 이야기를 늘어놓더

군…. 결국은 열심히 하라는 뻔한 결론에 이르더라고. 열심히 하면 진급할 수 있도록 도와주겠다고 하면서 말이야…. 사실 X 팀장 면전에서는 조용히 듣는 척했지만 나는 팀장 말에 동의하지 않거든. 요즘 조직 안에서 자기 꿈을 실현하겠다고 하는 사람이 얼마나 될까? 팀장의 말이 딱히 틀린 것은 아니지만, 나는 조직이 개인을 끝까지 책임진다는 말을 믿지도 않고, 그러고 싶은 마음도 없어. 솔직히 말하면, 팀장 본인도 앞으로 조직에서 어떻게 될지 모르는 상황이잖아. 듣는 척했지만 무척이나 괴로운 시간이었어."

X 팀장은 모처럼 가진 진지한 면담이 실제로는 아무런 효과도 없이 흘러갔다는 사실을 깨달았다. 서로 같은 주제로 대화를 나누긴 했지만, 동상이몽이었던 것이다. X 팀장은 이번 사건을 계기로 실망을 하기도 했지만, 자신의 리더십에 대해서 진지하게 고민하는 계기가 되었다. M 대리는 왜 X 팀장의 조언을 진지하게 받아들이지 않았을까? 어떻게 하면 X 팀장은 M 대리를 자신의 말에 귀 기울이게 만들 수 있을까?

리더십이
변하고
있다

- 어떤 리더십 스타일이 효과적일까

인류의 역사만큼이나 리더십의 역사도 오래되었지만, 시대 상황이나 개인의 성향에 따라 리더십을 발휘하는 스타일은 조금씩 달랐다. 그렇다면 어떤 리더십 스타일이 보다 효과적일까? 다시 말해 어떤 방식으로 리더십을 사용해야 사람들이 잘 따르게 될까? 이 질문에는 정답이 존재하지 않는다. 각자가 처한 상황이나 조건, 개인의 선호에 따라 결과가 달라지기 때문이다.

수많은 나라들이 천하를 두고 550년간 치열하게 다투었던 춘추전국시대의 군주나 제후들도 비슷한 고민을 했다. 당시 군주들은 '어떤 방식으로 백성들을 통치하는 것이 부국강병에 도움이 될지'를 심각하게 고민했다. 해서 그들은 흔히 '제자백가諸子百家'라 불리는 여러 사상가들로부터 통치와 치세의 수단에 대한 조언을 들었다. 말하자면 당시 군주들은 사상가들에게 리더십을 배운 것이다. 이때 어떤 리더십 스타일로 백성을 통치할 것인가는 각 나라의 사활이 걸린 중요하고도 현실적인 문제였다. 당시에는 누구의 사상이 가장 효과적이었을까? 어떤 리더십 스타일이 군주들에게 가장 많이 채택되었을까? 당시 천하를 호령하던 제자백가에는 우리가 익숙하게 들어 본 공자, 맹자, 노자, 관자, 장자, 묵자, 한비자, 손자 등이 있었다. 하지만 이들 중 가장 인기를 얻었던 사상가 집단은 단연 덕치德治를 주장한 '유가儒家'와 법치法治를 주장한 '법가法家'였다.

공자와 맹자로 대표되는 유가에서는 "백성을 덕德으로써 인도하고, 예禮로써 가지런히 한다면 부끄러움을 알게 되며, 또한 선善에 이르도록 노력할 것이다."라며 예와 덕을 기반으로 백성을 이끌어야 한다고 주장하였다. 반면 한비자, 이사, 상앙 등의 법가 입장에서는 유가의 이런 주장은 배부른 소리이자 순진한 논리에 불과했다. 법가에서는 현실의 권력 관계를 치밀하게 다스리는 것이 무엇보다 중요했다. 그들은 군주와 신하의 관계를 인간적인 도리를 다하는 사이로 보지 않았다. 그들은 권력 관계가 지배하는 것으로, 신하는 군주의 권세에 눌려서 어쩔 수 없이 섬길 뿐이라고 보았다. 즉 인간은 본성과는 무관하게 자신이 처한 상황이나 이익 여부에 따라 행동할 뿐이다. 따라서 예나 덕보다는 강력한 형벌로 다스려야 한다는 입장이다.

둘의 차이는 근본적으로 인간을 바라보는 시각의 차이에서 기인한다. 법치를 주장하는 쪽에서는 인간을 '타율적 존재'로 규정한다. 그렇기 때문에 자율적인 상태에서는 스스로 움직이지 않으므로 규율과 통제로써 관리해야 한다고 주장한다. 반면 덕치가 효과적이라고 주장하는 쪽에서는 인간을 '자율적 존재'로 규정한다. 따라서 개인이 스스로 판단하고 자발적으로 행동할 수 있도록 위임하는 것이 효과적이라는 입장이다. 실제로는 어느 쪽이 효과적이었을까? 오늘날 민주주의를 경험한 우리는 덕치에 끌리는 사람이 더 많을 것이다. 둘 중에서 덕치가좀 더 인간적이고 약자를 배려하는 것처럼 보이기 때문이다. 백성의 입장에서도 아무래도 덕치를 하는 나라에서 사는 편이나아 보인다. 실제 통치를 하는 사람의 입장에서도 그럴까? 그렇지 않다.

혼란과 격동의 춘추전국시대에서 덕치냐 법치냐의 리더십 논쟁은 국가의 생존이 걸린 중요한 문제였다. 역사적 사실로보자면, 덕치와 법치의 대결에서는 우선 법치가 승리를 거두었다. 법가 사상을 기반으로 꾸준히 실력을 키운 진나라가 천하 통일의 대업을 이루었기 때문이다. 이를 보면, 춘추전국시대에는 강력한 법치를 기반으로 한 리더십이 국가를 부국강병으로 이끄는 데 더 효과적이었다고 말할 수 있겠다. 그렇다면 이러한 역사적 사실로 국가 통치에 있어서는 덕치보다는 법치가 효과적이라고 결론지어도 좋을까? 약간 애매하다. 왜냐하면 법치의 리더십 스타일로 천하를 제패했던 진나라도 진시황의 죽음과 함께 불과 15년 만에 멸망하고 말았기 때문이다. 법치가 천하를 통일하는 데에는 효과적이었을지는 모르겠지만, 지속성에는 한계를 드러낸 것이다.

흔히 역사 속에 진리가 있다고 이야기한다. 그러나 역사는 바라보는 시각에 따라서 다양하게 해석할 여지가 있기 때문에 주의를 기울여야 하는 것도 사실이다. 그럼에도 불구하고 춘추전국시대의 덕치와 법치의 논란에서 몇 가지 의미 있는 시사점을 얻을 수 있다. 우선 혼란과 격동의 시기에는 덕치보다는 법치가 효과적이라는 점이다. 환경 변화가 심하고 정세가 불안정한 상황에서는 덕치보다 법치가 효과적이다. 법치의 가장 큰 장점은 반응이 즉각적이라는 데 있다. 빠르게 대응하고 즉각적인 성과를 얻어야 하는 상황에서는 법치가 덕치보다 효과적일 수 있다. 법치가 이끌어 내는 즉각적인 반응은 급변하는 환경 변화에 신속하게 대응할 수 있는 강점을 제공한다. 결과에 대해 즉각적인 당근과 채찍을 제공하는 법치는 사람들로 하여금 빠르게 움직이게 만든다.

하지만 이런 장점에도 불구하고 법치에는 부정적인 면도 존재한다. 먼저 법치는 인간을 타율적으로 만든다. 강력한 형벌이 무서워서 움직이는 인간은 타율적일 수밖에 없으며, 타율적인 인간에게 일에 대한 열정이나 업무에 대한 몰입을 기대하기는 힘들다. 또 법치는 '효과의 지속성'에 문제를 가지고 있다. 채찍과 당근 때문에 움직이는 사람은 그것들이 없어지거나 그것에 대한 흥미가 감소하게 되면 몰입도 줄어들 수밖에 없다. 채찍과 당근에도 이른바 '한계효용체감의 법칙'이 적용되기 때문이다. 조직 관리나 리더십이 장기적이고 지속적이어야 한다는 점을 전제로 한다면 효과가 오래 지속되기 어렵다는 측면은 법치의 치명적인 한계다. 결국 법치는 구성원의 즉각적인 반응을 불러일으킨다는 장점은 있지만 인간을 타율적으로 만들고 그 효과가 단기적이라는 면에서 '양날의 칼'인 셈이다.

그렇다면 오늘날 조직의 리더는 어떤 스타일을 채택하는 것이 좋을까? 오늘날에는 어느 한쪽을 선택할 문제는 아니라고 본다. 오늘날 조직이 처한 상황은 춘추전국시대처럼 사활을 걸고 싸우는 경우는 아니지만 그렇다고 경쟁이 없다고 볼 수는 없다. 흔히 '지속가능한 경영'을 표방하는 요즘 시대에는 법치의 장점과 덕치의 장점을 모두 취하는 것이 올바를 것이다. 상황이나 대상에 맞게 두 가지 스타일을 유연하게 적용해야 한다. 좀 더 구체적으로 말하면, 현대 조직의 리더는 법치를 위한 시스템과 매뉴얼을 잘 갖추면서 동시에 인간적으로 소통할 수 있는 덕치를 겸비해야 한다. 법치의 체계성과 덕치의 인간미를 겸비하는 것이 필요하다. 덕치 없는 법치는 공허하고, 법치 없는 덕치는 무상하기 때문이다.

- 과거의 리더와 현대의 리더

"인간을 움직이게 하는 두 개의 지렛대가 있다. 그것은 바로 '공포'와 '이익'이다." 일찍이 독일의 문호 괴테가 한 말이다. 그는 사람을 움직이게 하는 힘을 크게 두 가지로 보았다. 사람은 공포를 느끼거나 자신에게 이익이 된다고 생각할 때 기꺼이 행동한다. 가령 부모가 자녀에게 성적이 떨어지면 혼을 내겠다거나 성적이 오른 만큼 용돈을 올려주겠다고 하면, 부모의 말에 자녀는 기꺼이 책상에 앉는다. 인간은 당근과 채찍 앞에 고분고

분해진다. 전국시대 사상가인 한비자도 괴테와 비슷한 말을 한 적이 있다. 그는 『한비자』라는 책에서 군주가 신하를 제어하기 위한 방법으로 두 가지의 수단을 제시하였다. "현명한 군주가 신하를 제어하기 위하여 의존할 것은 두 개의 권병權柄뿐이다. 두 개의 권병이란 형刑과 덕德이다." 여기서 한비자가 말하는 권병이란 '권력의 수단'을 의미한다. 그에 따르면 신하를 다스리기 위해서 군주는 '형'과 '덕'이라는 두 가지 병기를 잘 활용해야 한다. 형이란 처벌하여 죽이는 것을 말하는데, 공포를 주는 수단이다. 덕이란 칭찬하여 상 주는 일을 말하는데, 이익을 제공하는 수단이다.

"짐이 곧 국가다." 프랑스 역사상 가장 유명한 전제군주인 루이 14세가 했던 말이다. '태양왕'이라 불리며 절대 권력을 휘둘렀던 그는 자신을 태양의 신, 아폴론과 동격이라고 주장했다. 그만큼 자신의 권력이 절대적이라고 여긴 것이다. 그 결과 그는 곧 국가이자 그의 말은 곧 법이었다. 왕권신수설을 배우며 자란 루이 14세는 유럽 대륙에서 가장 부유하고 강한 왕이었으며 72년 동안 절대 권력을 휘둘렀다. 그의 치세 기간 동안 프랑스 국민들은 극심한 고통에 시달렸지만 그는 프랑스 역사상 가장 강력한 왕권을 구축할 수 있었다. 말하자면 그의 리더십 스타일은 절대 권력을 기반으로 강력한 법치를 내세운 것이었다.

이처럼 과거에는 대체로 강력한 권력을 기반으로 채찍을 휘두르고 때로는 당근을 제시하면서 명령과 통제를 통하여 복종하도록 만드는 리더십 스타일이 대세였다. 대체로 민주 의식이나 민주적 환경을 경험하지 못한 시대에는 강력한 권력을 바탕으로 강제로 따르게 만드는 리더십 스타일이 주로 활용되었고, 실제로도 잘 먹혔다. 하지만 오늘날에는 변화의 조짐이 일어나고 있다. 가정에서도 '친구 같은 아버지'가 많아졌고, 조직에서도 '섬기는 리더십'이 강조되기도 한다. 그린리프Greenleaf는 리더를 다른 사람에게 봉사하는 하인servant으로 생각하고, 구성원을 섬김의 대상으로 보는 소위 '서번트 리더십'을 주장하기도 했다. 이제 리더와 부하는 더 이상 일방적인 상하관계에 머무르지 않고, 수평적인 입장에서 상호작용을 하는 유연한 관계로 변하고 있다.

"짐이 곧 국가"라는 말로 절대 권력을 휘두르며 자신의 왕권 강화를 위해 이웃 나라와 전쟁을 치르느라 국민에게 큰 고통을 안겨주었던 루이 14세도 1715년 76세의 나이로 임종을 앞둔 시점에는 자신의 통치 스타일에 대해 후회를 했다고 전해진다. 그는 왕위 계승자인 루이 15세에게 이렇게 유언했다고 한다. "이웃 나라와 평화를 유지하도록 힘쓰라. 이 점에서 내가 밟은 길을 따르지 말라. 인민의 고통을 덜어 주라. 내가 행하지 못한 모든 일을 해 주기 바란다." 절대 권력을 휘두른 루이 14세를 국민들은 대체로 잘 따랐지만, 실제로 그의 통치 스타일을 환영한 국민들은 거의 없었다. 루이 14세가 죽었다는 소식을 들은 프랑스 국민들은 조금도 슬퍼하는 기색이 없이 오히려 크게 기뻐했다는 후문이다. 72년간 절대 권력을 휘둘렀으나 죽음을 앞둔 순간에 자신의 행적과 리더십 스타일에 대해 후회와 반성의 말을 남긴 루이 14세의 사례는 오늘날 우리에게도 시사하는 바가 크다.

- 보스와 리더의 차이

스스로를 아폴론에 비유하면서 72년간 절대 권력을 휘둘렀던 태양왕 루이 14세를 두고, '이끄는 사람'이라는 의미의 '리더leader'라고 부르는 것이 타당할까? 그렇지 않다. 루이 14세를 요즘식으로 표현하면 '보스Boss'에 가깝다. 그렇다면 보스와 리더는 어떻게 다를까?

대표, 우두머리로 번역되는 보스boss와 선도자, 지도자로 표현되는 리더leader는 조직에서의 지위나 책임, 대표성이라는 면에서는 대동소이하다. 최고 지위를 가지면서 전체를 대표하는 최고 책임자를 의미한다. 하지만 힘을 사용하는 방식에서는 차이가 있다. 보스는 뒤에 앉아서 '시키는' 반면 리더는 앞장서서 '이끌어' 간다. 보스는 구성원과는 다른 위치에 앉아서 구성원을 독려하지만 리더는 구성원과 같은 위치에 서서 함께 힘을 쏜다. 따라서 보스와 리더는 조직의 목표를 달성하기 위한 관계 설정이나 평소 사용하는 말과 행동이 다르다. 그 결과, 구성원이 느끼는 감정과 결과도 사뭇 다르다.

(1) 평소의 생각과 말

보스는 '자신'을 먼저 생각하지만 리더는 '모두'를 생각한다. 보스는 '내가~'라고 말하지만 리더는 '우리가~'라고 말한다. 보스는 '권위'를 중시하지만 리더는 '팀워크'를 중요시한다. 보스는 무조건적인 '복종'을 요구하지만 리더는 '솔선수범'한다. 그 결과 보스는 부하로 하여금 '눈치'를 살피게 만들지만 리더는 부하로부터 '존경심'을 불러일으킨다.

(2) 부하 직원과의 관계

보스는 부하에게 '명령'을 내리지만 리더는 부하와 함께 '대화'를 한다. 보스는 주로 '~해라'라고 말하지만 리더는 '~하자'라고 말한다. 보스는 부하의 단점을 '지적'하지만 리더는 부하의 장점을 '칭찬'한다. 보스는 부하의 잘못을 '꾸짖기만' 하지만 리더는 부하의 잘못을 '고쳐' 준다. 보스는 일을 '고통스럽게' 만들지만 리더는 일을 '재미있게' 만든다. 보스는 '원망'을 낳지만 리더는 '신바람'을 불러일으킨다.

(3) 우선적으로 생각하는 가치

보스는 '조직'을 먼저 생각하지만 리더는 '조직과 개인'을 동시에 생각한다. 보스는 조직을 위해 개인의 '희생'을 강요하지만 리더는 조직과 개인의 '성장'을 동시에 추구한다. 결국 보스는 '회사'를 키우지만 리더는 '사람'을 키운다. 보스는 조직을 우선시하며 때로는 개인의 희생과 헌신을 강요한다. 이를 위해 강압적 수단을 사용하여 억지로 따르게 만든다. 반면 리더는 조직의 성공과 함께 개인의 행복도 고려한다. 해서 부하에게 일방적 희생을 강요하지 않으며, 어떻게 자발적으로 따르게 할 것인지를 고민한다.

당신이 부하 직원이라면 어떤 상사와 함께 근무하고 싶은가? 당연히 리더다. 현대 조직에서는 강압적인 보스와 같은 리더십 스타일로는 영향력을 발휘하는 데 한계가 있다. 특히 조직의 젊은 세대는 어릴 적부터 가정에서 '친구 같은 아빠', 즉 민주적 리더로부터 영향력을 받으며 자라왔다. 그 결과 그들은 조직에서도 보스가 아닌 리더를 원한다.

2

리더십의
근본 원리와
변천 과정

- 리더십의 근본 원리와 목표

평소에는 잘 알고 있다고 생각했지만, 막상 질문을 받으면 답하기 어려운 것들이 있다. 가령 "시간이란 무엇인가?"라는 질문을 받는 경우가 그렇다. 대부분의 사람은 시간에 대해 잘 알고 있다고 생각한다. 하지만 막상 "시간이 무엇인가?"라는 질문을 받으면 대답하기란 쉽지 않다. 『고백록』을 썼던 아우구스티누스도 그러한 질문에 당황스러웠나 보다. 그도 "시간이란 무엇인가? 아무도 내게 묻는 자가 없을 때는 아는 것 같다가도, 막상 묻는 자가 있어서 그에게 설명하려고 하면 나는 알 수가 없다."라고 했을 정도니 말이다.

그런데 이런 상황은 시간에만 적용되는 것이 아니다. '리더십'도 그렇다. 사람들은 평소에 리더십이란 말을 자주 사용한다. 국민의 요구를 제대로 수행하지 못하는 정치인을 보며 사람들은 "저 사람은 학식은 뛰어난데, 리더십이 부족해."라고 말한다. 동호회가 제대로 운영되지 않으면 회원들은 회장의 리더십을 탓한다. 술자리에서 부하 직원들의 뒷담화 대상이 되는 상사는 리더십에 문제가 있는 사람이 된다. 이처럼 우리는 사람을 볼 때 리더십이란 프레임으로 평가하는 경우가 많은데, 막상 "리더십이 도대체 뭡니까?" 하고 물으면 답하기가 쉽지 않다.

리더십이란 무엇일까? 리더십은 한마디로 정의하기 쉽지 않다. 이는 본래 리더십이란 개념이 학술적으로 만들어진 이후 사람들이 사용한 것이 아니라, 사람들이 일상에서 사용하던 어휘가 학문 분야로 유입되었기 때문이다. 따라서 리더십에 대한 정의는 그것을 정의하려고 시도했던 사람의 수만큼이나 많다. 학자마다 다양하게 설명하고 있는데, 그중 대표적인 것을 몇 가지 소개하면 다음과 같다.

- 구체적인 목표나 목적을 달성하기 위하여, 특정한 상황 내에서 커뮤니케이션 과정을 통하여 행사되는 사람들 간의 영향력 행사 과정 —탄넨바움, 웨쉴러, 마사릭

- 집단의 구성원들로 하여금 특정목표를 지향하게 하고 그 목표달성을 위해 실제행동을 하도록 영향력을 행사하는 것 —스토질Stogdill
- 조직화된 집단의 활동에 영향을 미쳐 목표달성으로 이끄는 영향력을 행사하는 과정 —로취와 벨링Rauch & Behling
- 다른 사람들로 하여금 공동의 목적을 달성하기 위해 움직이도록 유도하는 과정 —로크Locke
- 주어진 상황에서 개인이나 집단의 목표 달성을 위한 활동에 영향을 미치는 과정 —허시와 블랜차드Hersey & Blanchard

리더십에 대한 여러 학자들의 정의를 살펴보면, 각자 서로 다르게 이야기하는 것 같지만 어느 정도 공통점이 있음을 알 수 있다. 학자들마다 공통적으로 언급하는 단어가 있기 때문이다. 우선 목표나 목적이라는 단어가 눈에 띈다. 결국 리더십의 지향점은 목표나 목적이다. 구성원들을 목표나 목적으로 향하게 만드는 활동이라고 할 수 있다. 무엇을 통해 그렇게 만드는가? 다음으로 눈에 띄는 단어는 '영향력'이라는 표현이다. 결국 영향력이란 목표에 이르게 만드는 수단이다. 리더가 부하에게 영향력을 발휘하여 목표나 목적으로 이끄는 행위가 바로 리더십이다. 해서 이렇게 정의를 내려도 좋겠다. "리더십이란 목표달성을 위해 구성원에게 적극적인 영향력을 미치는 과정이다." 여기서 핵심은 '영향력'이라는 단어에 있다. 쉽게 말하면 리더십이란 '영향력을 미치는 과정'이라고 줄여서 표현해도 좋겠다. 가령 부모가 자식에게 영향력을 미치는 과정도 리더십이다. 자녀가 공부를 열심히 하는 것이 목표라고 한다면, 부모가 자녀에게 공부를 열심히 하도록 영향력을 미치는 과정이 바로 리더십이다. 이런 면으로 보자면, 자녀를 둔 모든 부모는 리더십 문제로 고민하고 있는 셈이다. 어떻게 하면 자녀가 공부를 열심히 하게 만들 것인가 하는 문제로 항상 고민하고 노심초사하고 있기 때문이다. 어떻게 하면 좋을까? 차근차근 살펴보기로 하자.

- 리더십의 변천 과정

리더십의 변천 과정을 좀 더 자세히 살펴보자. 리더십은 인류의 보편적인 관심사였기 때문에 그것에 관한 연구는 오래전부터 이루어져 왔다. 하지만 체계적이고 과학적인 연구가 이루어진 것은 20세기 이후부터라고 할 수 있다. 리더십 이론에 대한 분류는 학자마다 입장이 조금씩 다르지만, 통상 1980년대를 기준으로 나누는 경우가 많다. 20세기 초부터 1980년대 초반까지 등장한 리더십 이론을 전통적인 리더십 이론이라 부르고, 1980년 대부터는 새로운 리더십 이론이 등장하기 시작했다. 전통적인 리더십 이론은 보통 특성이론, 행동이론, 상황이론으로 구분한다.

(1) 리더십 특성이론

리더십 특성이론은 초기 리더십 연구의 주류를 이루었던 접근 방법으로 "리더는 타고난다."는 전제에서 출발한다. 특성이론의 관점에서 성공적인 리더와 그렇지 못한 리더를 비교하여, 후자는 보유하고 있지 못한 전자만의 특성이나 자질은 무엇인지를 규명하려고 하였다. 그 결과 리더의 신체적 특징(신장, 외모 등), 사회적 배경(출신, 교육수준 등), 지적 능력(판단력, 결단력, 상식, 화술 등), 성격(자신감, 적응성, 민감성, 스트레스 내성 등) 등을 분류하고, 이외에도 과업 관련 특성이나 사회적 특성 등을 구분하기도 하였다.

이러한 리더십 특성이론은 뛰어난 리더의 특성을 구분함으로써 효과적인 리더를 구분하고 선발하는 데는 유용한 측면이 있으나, 리더의 특성이 모호하고 추상적인 면이 있다. 또한 그러한 특성이 상황에 관계없이 동일한 결과를 이끌어 낼 수 있는지, 그러한 특성이 후천적으로 개발되기보다 타고나는 것인지에 대한 비판도 있다.

(2) 리더십 행동이론

리더십 행동이론은 리더와 부하 간의 관계에 초점을 맞추면서 부하 직원에게 바람직한 영향을 미치거나 조직의 유효성을 높이는 리더의 행동 스타일은 무엇인지를 규명하는 데 집중한다. 이 이론은 효과적인 리더는 타고나는 것이 아니라 '어떠한 행동을 하는지'에 따라 결정된다고 보는 입장이다. 대표적 이론으로 블레이크와 모우튼Blake & Mouton이 개발한 관리격자Managerial Grid 모형이 있다. 여기서는 리더의 '과업에 대한 관심'과 '사람에 대한 관심'을 각각 9등급으로 나누어 리더십 스타일을 무관심형(1,1), 컨트리클럽형(1,9), 과업형(9,1), 중도형(5,5), 팀리더형(9,9) 등으로 구분한다. 이 중 과업에 대한 관심과 사람에 대한 관심을 둘 다 가지는 팀리더형을 가장 바람직하면서도 이상적인 리더로 제시하였다.

리더십 행동이론은 리더의 행동이 부하의 성과와 만족에 미치는 영향을 설명하는 데 노력을 집중해왔으나, 매개변수를 고려하지 못한 경우가 많아서 비판을 받기도 했다. 즉 행동이론은 상황에 관계없이 보편타당하게 적용될 수 있는 리더십 행동을 규명하고자 했으나 이후 이론들에서 리더십의 유효성은 상황에 따라 달라진다는 결론에 도달하게 되었고, 그리하여 연구의 패러다임이 상황이론으로 넘어가게 되었다.

관리격자 모형

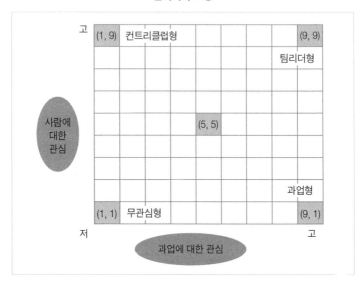

(3) 리더십 상황이론

리더십 상황이론은 "리더십의 유효성은 상황에 따라 달라진다."는 것을 전제로 한다. 따라서 상황이론에서는 리더와 부하 간의 상호작용에 영향을 미치는 환경적 요인이나 상황적 요인에 주목한다. 즉 리더의 특성이나 행동이 부하 직원들의 태도나 행동, 집단 유효성에 미치는 영향이 상황적 요인에 따라 어떻게 달라지는지를 연구한다. 이 이론을 주장하는 많은 연구자들은 리더의 행동과 종속변수에 영향을 미치는 상황적 조절변수를 제시했는데, 이 중 허시와 블랜차드Hersey & Blanchard는 '부하의 성숙도' 를 가장 중요한 상황변수로 제시하였다. 부하의 성숙도에 따라 유효한 리더십 스타일이 달라지는데, 미성숙한 부하에게는 '지시형', 중간 단계에는 '설득형'과 '참여형', 높은 성숙도를 가진 부하에게는 '위양형'으로 관계행동 및 과업행동을 달리해야 한다고 주장하였다.

리더십 상황이론은 상황에 맞게 융통성 있는 리더의 행동을 강조한 면에서는 의의가 있으나, 리더의 행동 범주를 지나치

허시와 블랜차드의 상황이론 모형

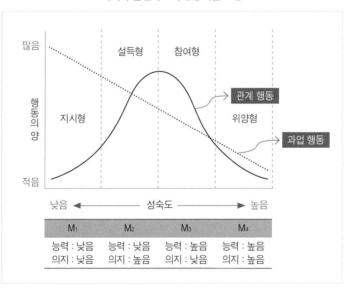

게 개괄적으로 제시하고 있어서 이론의 타당성에 논란이 있으며, 상황적 조절변수 또한 지나치게 단순화시켰다는 면에서 비판을 받기도 했다.

(4) 1980년대 이후 새로운 리더십 이론들

1980년대에 들어서면서 변화하는 경영 환경과 패러다임의 변화, 전통적 리더십 이론에 대한 반성으로부터 새로운 리더십 이론이 등장하기 시작했다. 이때 등장한 새로운 리더십은 카리스마 리더십, 변혁적 리더십, 수퍼리더십, 비전적 리더십 등의 이름으로 소개되었는데, 이들 이론은 기존의 전통적 리더십 이론을 대체하였다기보다 보완하는 입장이 대부분이었다. 그럼에도 새로운 리더십 이론은 기존에 존재하였던 전통적 리더십 이론이 가진 한계를 새로운 관점으로 변화시킨 측면이 있다. 전통적 리더십 이론에서는 현상을 유지하거나 통상적으로 기대되는 수준의 성과를 이끌어내는 데 치중한 면이 있었다. 따라서 부하 직원으로 하여금 열정을 불러일으키고, 새로운 변화를 시도하도록 만드는 데에는 한계가 있었다. 그래서 새로운 리더십 이론에서는 부하 직원으로부터 강한 정서적 반응을 불러일으키고, 부하 직원의 개인적·집단적 자기 유능감self-efficacy의 증진, 역량 강화empowerment, 비전이나 업무에 대한 몰입 강화 등의 방향이 강조되는 추세다.

결국 리더십 연구는 조직의 목표나 목적을 보다 효과적으로 달성하기 위하여 리더가 어떻게 영향력을 발휘하는 것이 더 좋은지에 대한 관심을 통해 지금까지 발전해 왔다고 볼 수 있다. 최근의 새로운 리더십 이론은 단지 리더의 지시에 수동적으로 따르는 수준을 넘어서 부하 직원의 열정과 몰입을 불러일으키고 새롭게 변화할 수 있도록 자극하는 데 초점을 맞추고 있다.

3

복종시킬 것인가,
따르게
만들 것인가

- 거래적 리더십과 변혁적 리더십

반복하는 말이지만, 리더십이란 목표를 달성하기 위하여 영향력을 미치는 과정이다. 앞에서 리더십의 변천 과정도 알고 보면 영향력을 어떻게 발휘하는 것이 효과적인지에 대한 입장 차이라고 말할 수 있을 것이다. 그렇다면 어떤 방법이 영향력을 발휘하는 데 효과적일까? 여기에 대해서는 연구자마다 주장이 다르다. 어떤 수단이 부하의 동기를 강하게 자극하여 업무에 몰입하게 만드는지에 대한 판단이 다르기 때문이다. 이에 대한 최근 경영학의 연구 흐름을 설명하면, 리더십은 영향력 발휘 수단에 따라 크게 둘로 구분할 수 있다. 거래적 리더십과 변혁적 리더십이 바로 그것이다. 흐름으로 보자면 과거 거래적 리더십에서 오늘날 변혁적 리더십으로 바뀌었다. 각각에 대해 좀 더 자세히 알아보자.

거래적 리더십과 변혁적 리더십

리더십 유형	영향력 발휘 수단
거래적 리더십 (Transactional Leadership)	수반적 보상 (contingent rewards)
	예외에 의한 관리 (management-by-exception)
변혁적 리더십 (Transformation Leadership)	카리스마(charisma)
	지적 자극(intellectual stimulation)
	개별적 배려 (individualized consideration)

(1) 거래적 리더십(Transactional Leadership)

거래적 리더십에서는 상사―부하의 관계를 기본적으로 '거래적'이라고 규정한다. 여기서 거래적이란 주고받는다는 뜻이다. 상사가 부하에게 무엇인가를 주면, 부하는 이에 대한 보답으로 되갚는 방식이다. 조직에서 상사는 부하에게 무엇을 줄까? 거래적 리더십에서 리더가 부하에게 영향력을 발휘하는 수단은 크게 두 가지다. 수반적 보상과 예외에 의한 관리. 수반적 보상 contingent rewards이란 부하의 노력이나 기여에 대해 당근을 제시하는 방법을 말한다. 열심히 하면 진급을 시켜주겠다거나 성과급을 추가로 주겠다는 등의 보상책을 제시하는 것이다. 예외에 의한 관리management-by-exception는 열심히 하면 어려운 일에서 제외시켜주 겠다는 식으로 부하의 노력이나 기여에 대한 보답으로 벌칙을 없애 주는 방법을 말한다. 쉽게 말해 수반적 보상이 당근을 제시 하는 것이라면, 예외에 의한 관리는 채찍에서 벗어나게 해주는 것이다.

(2) 변혁적 리더십(Transformational Leadership)

변혁적 리더십은 리더가 부하 직원을 긍정적으로 변화시 킴으로써 동기부여 하는 것을 말한다. 변혁적 리더십에서 상사 는 부하에게 거래를 하지 않는다. 이들은 변혁적 관계로 자리매 김된다. 여기서 '변혁적transformational'이라는 말은 '포메이션formation' 을 '바꾼다trans'는 뜻이다. 거래적 리더가 거래를 통해 부하에게 동기부여를 했다면 변혁적 리더는 부하의 긍정적 변화를 통해 동기를 고취시킨다. 변혁적 리더십에서 리더가 영향력을 발휘하 는 수단은 무엇일까? 크게 3가지가 있다. 카리스마, 지적 자극, 개별적 배려가 그것이다.

카리스마charisma는 부하에게 미래에 대한 비전을 제시하 며 도전적인 목표를 세우고, 부하를 그 비전과 목표에 몰입시키 도록 하는 능력을 말한다. 쉽게 말해 부하 직원에게 꿈과 비전을 심어주면 스스로 열심히 노력한다는 뜻이다. 지적 자극^{intellectual} stimulation은 부하가 기존의 문제해결 방식에서 벗어나서 보다 새롭고 창의적 방식으로 사고하도록 그들의 생각, 상상력, 신념, 가치를 자극하는 것을 말한다. 개별적 배려^{individualized consideration}는 부하에게 개별적인 관심을 가지며, 개개인의 욕구에 부합하는 임무를 부여하고 잠재력을 개발해주는 행위를 말한다.

변혁적 리더십

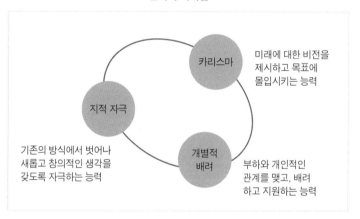

거래적 리더십과 변혁적 리더십 중에서 어느 쪽이 효과적일까? 결론부터 말하면, 변혁적 리더십이다. 그렇다면 거래적 리더십은 효과가 없을까? 그렇지 않다. 거래적 리더십도 제대로만 활용하면 효과가 크다. 예를 들어보자. 자녀의 중간고사 성적이

오르기를 바라는 부모라면 '수반적 보상'이라는 수단을 쓸 수 있다. 성적이 오르면 자녀가 가장 갖고 싶어 하는 물건을 사 주겠다는 거래 조건을 제시하면 대부분의 자녀는 열심히 공부할 것이다. 제대로 된 거래적 리더십은 효과가 크고 즉각적이다. 하지만 거래적 리더십은 지속성에 한계가 있다. 매번 끌리는 당근을 제시해야 하며, 또 당근을 주다가 끊을 경우에는 오히려 부정적인 결과가 발생하기도 한다. 궁극적으로는 서로의 관계가 거래적으로 고착될 위험이 있다. 끌리는 당근이 제시되면 열심히 하고, 그렇지 않은 경우에는 아예 빈둥거린다. 즉 거래적 리더십을 잘못 사용할 경우, 목적과 수단이 전도되고 부하 직원을 수동적으로 만들 위험이 있다.

변혁적 리더십은 거래적 리더십의 이러한 부작용 때문에 생겨난 이론이다. 변혁적 리더십은 리더-부하의 관계를 거래적이 아닌 변혁적 관계로 새롭게 정립함으로써 기존 거래적 리더십이 갖는 한계를 뛰어넘는다. 변혁적 리더는 부하에게 꿈과 비전을 심어줌으로써 열정과 몰입을 이끌어낸다. 지적 자극을 통해 부하의 잠재력을 개발하고, 개별적 배려를 통해 좋은 관계 속에서 부하를 성장시킨다. 그 결과 부하의 가치관과 태도가 긍정적으로 바뀌고 최고의 노력을 다하게 되어 기대를 뛰어넘는 성과를 달성하게 된다. 또한 변혁적 리더십은 거래적 리더십에 비해 보다 수준이 높다. 왜냐하면 높은 수준의 동기와 성취 욕구를 자극하기 때문이다. 거래적 리더십이 당근과 채찍을 통해 부하 직원을 복종하게 만든다면, 변혁적 리더십은 부하 직원의 보다 높은 동기와 성취 욕구를 자극함으로써 자발적으로 따르게 만든다.

- 밀레니얼 세대에 맞는 리더십은?

앞에서 살펴본 여러 가지 리더십 이론 중에서 밀레니얼 세대에게 효과적인 방법은 무엇일까? 여기에 답하기 전에 우리는 이런 질문을 던질 필요가 있다. 2장에서 살펴본 밀레니얼 세대의 독특성은 과연 우리가 지금 규정하고 있는 밀레니얼 세대만의 특징일까, 아니면 어떤 시대를 막론하고 특정 시대에 사는 '젊은 세대'나 '신세대'의 보편적인 특징일까? 만약 밀레니얼 세대가 50대가 되어도 여전히 그러한 특성을 변함없이 유지하게 될까?

여기에 대한 정답은 없다. 시대와 무관하게 젊은 세대로서 가지는 공통점이 있을 것이고, 4차 산업혁명과 글로벌 시대라는 그들만의 독특성이 반영된 결과도 있을 것이다. 하지만 그럼에도 여전히 리더십 이론들은 유효하다. 왜냐하면 많은 리더십 이론이 인간의 심리와 동기를 바탕으로 연구된 것이기 때문이다.

2장에서 우리는 밀레니얼 세대의 독특성을 5가지로 정리한 바 있다. 기억을 상기시키는 의미에서 다시 정리하면 이렇다.

- 행복과 성공의 기준이 '나'에게 있다.
- 집단의식이 약하고 사생활이 보장되기를 바란다.
- 자신의 미래에 대한 불안감이 높다.
- 일의 가치와 의미를 중요하게 생각한다.
- 수평적 커뮤니케이션을 원한다.

밀레니얼 세대의 이러한 독특성은 앞서 살펴본 변혁적 리더십의 사상과도 부합한다. 밀레니얼 세대는 조직보다는 개인의 가치를 중요시하고, 자아실현이나 개인의 행복과 같은 보다 높은 동기를 중요하게 생각하기 때문이다. 단순히 "네가 열심히 노력하면 보상해줄게." 하는 식의 거래적 수단으로는 밀레니얼 세대를 자극하고 동기를 부여하는 데 한계가 있다. 따라서 밀레니얼 세대를 부하 직원으로 둔 리더라면 거래적 리더십이 아니라 변혁적 리더십을 기반으로 하여 그들의 독특성에 맞는 리더십 스타일을 만들어가야 할 것이다.

새로운 세대에게는 새로운 리더십이 필요하다

서로에 대한 기대가 다르다

X 팀장은 요즘 중간에서 고민이 많다. 회사에서 새롭게 출시한 신상품의 판매 실적이 예상을 밑돌고 있기 때문이다. 이번에 새롭게 출시된 신상품은 경쟁사의 시장 1위 상품에 맞불을 놓기 위해 야심차게 준비한 것으로, 장기간의 연구개발 투자와 마케팅 비용을 들인 프리미엄 상품이다. 가격은 비싸지만, 고급 원료를 사용하여 품질이 우수하고 제품을 사용해본 고객의 반응도 나쁘지 않았다. 하지만 기존에 있던 경쟁 상품의 시장 지배력이 강하고 유통 채널에 대한 홍보가 미진하여 전체적으로 판매 실적은 부진한 상황이다. 이에 영업본부장인 B 상무는 신상품을 집중 홍보하여 단기간에 판매 실적을 올릴 것을 주문하고 나섰다.

X 팀장은 M 대리를 불러 신상품에 영업력을 집중할 수 있도록 판촉을 강화하라고 지시를 내렸다. 그러자 M 대리는 그렇

게 할 경우 신상품 매출은 오르겠지만 기존 상품의 매출 하락이 불가피하므로 결과적으로 전체 매출이 하락할 것이라고 반론을 제기했다. 사실 M 대리의 문제 제기는 일리가 있다. 신상품의 시장 규모가 크지 않은 상황에서 그것에 마케팅을 집중할 경우 다른 상품의 실적에 영향을 주어 자칫 소탐대실할 위험도 있기 때문이다. 하지만 X 팀장으로서도 경영진의 지시를 마냥 무시할 수만은 없는 상황이다.

X 팀장과 M 대리의 논쟁은 급기야 논의의 방향이 각자의 역할과 리더십 문제로 번져 가게 되었다. X 팀장은 '상사가 다소 부당한 지시를 내리더라도 일단 따라줄 것'을 M 대리에게 기대했다. 반면 M 대리는 '경영진이 현실을 고려하지 않은 부당한 지시를 내릴 경우에 문제를 제기하여 막아주는' 팀장의 모습을 기대했다. 동일한 상황을 두고 서로의 입장과 생각이 대립하고 있는 것이다. X 팀장의 입장에서 보자면, M 대리의 반응은 낯선 것이다. 얼마 전까지만 해도 임원의 지시는 반론이나 논쟁의 대상이 아니라 무조건 따라야 하는 명령이기 때문이다.

X 팀장과 M 대리의 주장 중에서 누구의 말이 옳은 것일까? X 팀장은 여기에 정답이 존재하지 않는다는 사실을 잘 알고 있다. 각자의 입장이 다르고, 현실을 바라보고 해석하는 방식이 다르기 때문이다. 이번 사건으로 X 팀장은 위와 아래에 끼인 자신의 처지를 되돌아보게 되었다. 상부의 지시와 부하 직원의 요구 사이에서 어떻게 처신해야 좋을까? 특히 베이비부머 세대인 B 상무와 밀레니얼 세대인 M 대리 사이에 있는 자신의 역할은 무엇일까? 그리고 밀레니얼 세대 부하 직원을 둔 상사에게 필요한 리더십은 무엇일까?

밀레니얼
세대는
자기중심적이다?

강 팀장 : 아니 홍 대리, 퇴근 시간도 되지 않았는데 벌써 퇴근하나?

홍 대리 : 어젯밤에도 팀장님이 업무 지시를 해서 집에서 2시간을 더 일

했습니다. 오늘 밤에도 아마 팀장님은 저에게 일을 시킬 테니까, 미리 퇴

근해서 기다리고 있겠습니다.

강 팀장 : …!!!

다소 과장된 상황이지만 오늘날 조직에서 상사보다 부하 직원이 먼저 퇴근하는 것은 특별한 경우는 아니다. 요즘 밀레니얼 세대는 기성세대가 정규 시간보다 먼저 출근해서 업무를 시작하고 있어도 출근 시간을 정확히 맞추어 출근하고, 남들은 늦게까지 남아서 야근을 해도 아랑곳하지 않고 칼퇴근을 한다. 또

반복적인 일이나 허드렛일을 싫어하고 자기가 원하는 일만 하고 싶어 한다. 기성세대는 이런 밀레니얼 세대가 너무 자기중심적이라고 말하기도 한다. 선배들보다 열심히 하지도 않고, 조직을 위해 희생하려고 하지도 않으며, 업무를 가려서 하려고 하기 때문에 자기중심적이라고 보는 것이다.

밀레니얼 세대는 왜 조직에서 자기중심적인 행동을 많이 하는 것일까? 일과 삶의 균형을 추구하는 그들은 일만이 아니라 개인적인 삶도 함께 원하기 때문이다. 밀레니얼 세대가 조직에서 갖는 불만 중 하나는 회사 일로 인해 개인적인 삶이 너무 많이 방해받고 있다는 것이다. 『밀레니얼 세대가 일터에서 원하는 것』의 저자인 제니퍼 딜과 알렉 레빈슨의 연구에 의하면, 밀레니얼 세대도 필요하다면 근무시간 외에도 개인 시간을 포기하고 기꺼이 일을 하겠다는 태도를 가지고 있다. 다만 그들은 유연성을 중요하게 여기며, 깨어 있는 한 사무실에서 시간을 보내야 하는 것이 필수라고 생각하지 않는다.

전통적으로 관리자나 경영자는 일터에 머무는 시간을 중요하게 생각했다. 왜냐하면 관리자나 경영자는 구성원들이 일에 충분한 시간을 투자하고 있는지, 열심히 노력하고 있는지에 대해 쉽게 믿지 못하는 경향이 있기 때문이다. 그들은 조직에서 오래 머물고 상사와 대면하는 시간이 길어야 일을 잘한다고 생각한다. 하지만 밀레니얼 세대는 이러한 인식에 동의하지 않는다. 정보기술의 발달로 인해 필요하다면 퇴근 후에도 업무가 가능하다고 믿기 때문이다. 밀레니얼 세대에게 있어 일이란 퇴근을 한다고 해서 끝나는 것이 아니다. 인터넷이나 휴대전화 때문에 근무시간 외에도 상사의 연락을 받는 경우가 흔하고, 이 때문에 그들은 사무실에서 몇 시간을 일하는지는 중요하지 않다고 생각한다. 그들은 퇴근을 하면 업무가 끝났다고 생각하지도 않는다. 언제 어디서나 호출 가능하고 접속 가능한 모바일 일터가 있기 때문에 퇴근 후 집에서도 얼마든지 일을 할 수 있다고 생각한다. 그들에게 진정한 퇴근이란 존재하지 않는다. 따라서 밀레니얼 세대는 관리자들이 자신들의 근무시간이나 장소에 관심을 가질 것이 아니라, 성과나 결과에 초점을 맞추기를 기대한다.

기성세대가 밀레니얼 세대를 자기중심적이라고 생각하는 또 다른 근거 중 하나는 밀레니얼 세대는 자기가 흥미를 느끼지 못하는 일을 싫어한다는 데 있다. 이를 두고 어떤 사람은 "밀레니얼 세대가 일을 거부하거나 게으르다."라고 말하기도 한다. 또 다른 사람들은 "밀레니얼 세대가 일을 하기는 하지만 불만이 너무 많다."라고 주장하기도 한다. 이런 평가가 사실이라면 일을 시키는 리더 입장에서 그들이 못마땅하게 느껴지는 것은 당연한 일일 것이다.

　밀레니얼 세대는 왜 주어진 일을 싫어하고 불평불만이 많은 것일까? 그들이 싫어하는 것은 단지 '일'이 아니다. 그들은 '반복적이고 의미 없는 일'을 싫어한다. 그렇다면 밀레니얼 세대가 하는 일은 반복적이고 의미 없는 일이 많을까? 그렇다. 대체로 조직에서 높은 직급일수록 반복적인 일이 적고 다양성이 큰 편이다. 하위 직급에 포진해 있는 밀레니얼 세대들은 반복적인 일을 하는 비율이 높다. 그러나 밀레니얼 세대는 반복되고 지루한 일을 꺼리기는 하지만, 모든 사람이 어느 정도 그러한 일을 해야 한다는 사실도 이해하고 있다. 따라서 밀레니얼 세대를 관리하는 리더는 일상적인 업무에서 다양성을 증가시키고 반복적인 일의 부담을 줄이는 노력을 해야 한다. 또 일을 시키지만 말고, 그 일의 의미가 무엇이며, 그 일의 결과가 어떻게 활용되고, 성과(결과)에 어떤 영향을 미치는지를 보여주어야 한다. 그래야만 일에 대한 의미를 알게 되어 불평불만도 줄어들고, 업무 몰입도도 높일 수 있다.

2

밀레니얼 세대에게
좋은 직장,
좋은 상사

- 밀레니얼 세대에게 좋은 직장이란?

영국의 소설가 서머싯 몸은 인상주의 화가 폴 고갱의 삶을 모티브로 한 『달과 6펜스』라는 소설을 썼다. 부유한 주식중개인인 주인공 찰스 스트릭랜드는 슬하에 자녀까지 두었지만, 서른 후반의 적지 않은 나이에도 그림에 대한 열정 하나만으로 직장을 버리고 가정까지 떠난다. 그림에 대한 열정은 그가 숨을 거두기 직전까지 이어졌으며 생전에 조명받지 못한 그의 작품은 사후에 엄청난 인기를 얻게 된다. 아무리 그림에 대한 열정이 중요하다 하더라도 그것 때문에 멀쩡한 직장과 가정까지 버리는 그의 행위는 아무나 따라 할 수도 없을뿐더러 쉽게 이해되지도 않는다.

그런데 이와 유사한 상황이 요즘도 자주 발생하고 있다. 한쪽에서는 취업이 어렵다고 난리지만, 다른 쪽에서는 어렵게 들어간 직장을 1년 이내에 그만두는 사람도 많다. 밀레니얼 세대의 이야기다. 기업마다 밀레니얼 세대가 미래의 핵심 인력이라며 중요하게 생각하지만, 현실은 그들이 직장에 정착하지 못하는 경우가 많다. 2016년 한국경영자총협회 조사에 따르면, 대기업에 입사한 신입사원의 1/3이 1년 내 퇴사한다고 한다. 왜 그럴까? 연봉이 적어서? 그렇지 않다. 가장 큰 이유 중 하나로 신입사원들은 "10년 후 상사처럼 되고 싶지 않아서"라고 대답한다. 그들은 왜 직장을 떠나는 것일까? 그들이 조직에서 기대하는 것은 무엇일까?

밀레니얼 세대가 바라는 직장은 어떤 모습일까? 사람들은 흔히 연봉을 많이 주면 좋은 회사라고 생각한다. 대체로 틀린 말은 아니다. 하지만 모두가 그런 것은 아니다. 채용정보 회사인 잡코리아가 직장인과 취업준비생 508명을 대상으로 설문조사를 한 결과, 취업준비생의 76.9%가 복지제도가 좋으면 연봉이 낮아도 입사하겠다고 응답했다. 젊은 세대는 연봉보다도 삶의 질을 더 중요하게 생각한다는 의미로 해석할 수 있다. 미국의 켈리 글로벌 산업인력지표에 따르면, 밀레니얼 세대의 51%는 안정적인 월급보다 자아 탐색 과정에서 행복을 느낀다고 말했다. 조사의 신뢰성이 어느 정도인지는 모르겠지만, 밀레니얼 세대가 중요하게 생각하는 것이 단지 '높은 연봉'만은 아닌 것은 분명해 보인다.

[질문] 밀레니얼 세대는 직장에서 무엇을 중요하게 생각할까?

(복수 응답)

1위 - 워라밸(35.8%)
2위 - 의미 있는 일(28.4%)
3위 - 연봉(20.0%)
4위 - 역량개발(12.6%)
5위 - 사회적 네트워킹(2.1%)
6위 - 사회적 공헌(1.1%)

기업교육 전문기관인 구루피플스가 인사담당자를 대상으로 한 조사에 따르면, 밀레니얼 세대가 직장에서 가장 중요시하는 것은 워라밸(35.8%)과 의미 있는 일(28.4%)인 것으로 나타났다. 밀레니얼 세대는 삶의 균형을 유지할 수 있으며, 가치 있고 의미 있는 일을 할 수 있다면 연봉이 줄거나 직위가 낮아져도 받아들일 준비가 되어 있다는 뜻이다. 그렇다고 해서 돈을 추구하지 않는 것도 아니다. 연봉(20.0%)이 세 번째로 중요한 기준이었다. 네 번째라고 응답한 역량개발(12.6%)도 의미가 있다. 성공의 기준이 자신에게 있는 밀레니얼 세대에게 직장이란 단순히 돈을 벌기 위한 곳이 아니라 자신의 꿈과 실력을 키우는 곳이기 때문이다.

4장 새로운 세대에게는 새로운 리더십이 필요하다

결국 밀레니얼 세대에게 좋은 직장이란 다음의 질문에 긍정적인 답을 내릴 수 있는 곳일 것이다. 우리 회사는 이 질문에 얼마나 긍정적인 답변을 내릴 수 있는지 각자 점검해보자.

- 직장 생활을 통해 삶 전체가 행복해지고 만족감을 얻을 수 있는가?
- 내가 하는 일이 가치 있고 의미가 있는가?
- 직장 생활을 통해 자신의 능력이 향상되는가?
- 직장 생활을 통해 자신의 꿈을 이룰 수 있는가?

- 밀레니얼 세대에게 좋은 상사란?

조직이 밀레니얼 세대에게 제공할 수 있는 최고의 복리후생은 무엇일까? 앞서 언급했던 워라밸을 떠올리는 사람이 있을 것이다. 틀린 것은 아니다. 하지만 근무시간으로 한정한다면, 최고의 복리후생은 누가 뭐래도 '좋은 직장 상사'이다. 하루의 대부분을 얼굴 맞대며 생활하는 직장 상사가 괴로움과 스트레스의 근원이 된다면 아무리 좋은 제도가 있다 한들 무용지물이 되고 만다. 취업포털 인크루트가 2017년 직장인 898명을 대상으로 '꼴불견 상사와 근무한 경험'을 물어본 결과, 직장인의 97%가 꼴불견 상사와 근무했던 경험을 가지고 있는 것으로 조사되었다. 또 그중에서 98%는 해당 상사 때문에 근무 의욕이 저하되었던 것으로 나타났다. 이를 보면 대부분의 직장에서는 아직도 꼴불견 상사라는 '지뢰'가 곳곳에 포진되어 있으며, 이로 인해 젊은 세대가 스트레스를 받고 있음을 알 수 있다. 밀레니얼 세대가 싫어하는 상사는 어떤 유형일까? 결과는 다음과 같다.

[질문] 가장 꼴 보기 싫은 상사 유형은?

(복수 응답)

1위 - 본인의 기분에 따라 팀 분위기를 바꾸는 '이기주의'형(20%)
2위 - 자신의 업무에 대한 책임을 회피하는 '미꾸라지'형(20%)
3위 - 이랬다 저랬다 장난꾸러기 같은 '변덕쟁이'형(19%)
4위 - 코드 맞으면 풀어 주고, 안 맞으면 잡는 '편 가르기'형(15%)
5위 - 사사건건 감시하고 지적하는 '지적'형(13%)
6위 - 상사의 말이면 무조건 따르는 'Yes맨'형(11%)

밀레니얼 세대는 본인의 기분에 따라 팀 분위기를 바꾸거나(이기주의형), 수시로 말과 행동이 변하거나(변덕쟁이형), 자신과 코드가 맞는지에 따라 차별하는(편가르기형) 등 공정하지 못하고 일관성 없는 상사를 싫어했다. 아무래도 공사를 구분하지 못하고, 자신의 말에 일관성이 없는 리더를 좋아하거나 신뢰하기는 어렵다. 또 자신의 업무에 대해서 책임을 회피하는(미꾸라지형) 상사도 싫어했다. 부하의 공은 가로채고 잘못이 발생하면 슬며시 뒤로

빠지는 상사라면 신뢰는커녕 꼴도 보기 싫을 것이다. 매사에 부하를 믿지 못하고 사사건건 감시하고 지적하는(지적형) 상사도 꼴불견이긴 마찬가지다. 자신을 믿지도 못하는 사람과 친하게 지내고 싶지 않은 것은 당연하다. 사람은 모름지기 자신을 인정해주는 사람을 좋아하고 따르는 법이다. 마지막으로 자기보다 높은 상사에게는 아무 말도 못하고 무조건 따르는(Yes맨형) 상사도 많은 사람들이 싫어했다. 강자에게는 약하고 약자에게만 강한 사람을 존경하기는 힘들다.

미국 시사 주간지 『타임』이 "신세대가 원하는 가장 바람직한 상사는?"이라는 질문으로 조사를 실시한 적이 있다. 그 결과 '나를 존중하고 인정해주는 상사', '나의 결혼기념일을 기억해주는 상사'라는 응답이 가장 높게 나타났다. 『타임』은 이 기사에 '바야흐로 센스 있는 상사sensitive boss의 시대가 오고 있다.'라는 타이틀을 달았다. 결국 젊은 세대는 부하 직원을 인정해주고, 부하 직원이 바라는 바를 알아주는 감각을 가진 상사를 원했다. 이는 우리나라에도 동일하게 적용될 것이다. 요약하면 이렇다. 밀레니얼 세대는 자신을 인정해주고 믿고 따를 만한 상사를 좋아한다. 그렇다면 부하 직원들은 어떤 리더를 믿고 따를까? 크게 능력 요소와 태도 요소로 구분하여 생각해 볼 수 있다. 능력에서는 '얼마나 뛰어난 역량을 보유하고 있는가?'이며 태도 면에서는 '기꺼이 믿고 따를 만한 성품을 보유하고 있는가?'이다. 결국 밀레니얼 세대를 포함한 부하 직원들은 다음과 같은 역량과 성품을 보유한 리더를 원했다.

(1) 주어진 일을 완수할 만한 기술(Skill)과 지식(Knowledge)

개인의 성공을 중요시하고 미래에 대한 불안감을 가진 밀레니얼 세대는 자신의 꿈과 행복을 성취하는 데 도움을 주는 상사를 원한다. 능력을 갖추지는 못한 채 그저 "좋은 게 좋은 거야."라며 인간적인 면만 강조하는 상사에게 자신의 미래를 믿고 맡기기는 어렵다고 생각한다.

(2) 의사소통하려는 개방성(Openness)

수평적인 커뮤니케이션을 원하는 밀레니얼 세대는 일방적인 의사소통보다는 쌍방향의 소통을 원한다. 따라서 자유로운 의사표현을 보장하고, 부하 직원의 말에도 귀를 기울일 줄 아는 상사를 원한다.

(3) 배려와 지원(Caring and Supportiveness)

밀레니얼 세대는 조직에서의 위치가 상대적으로 약자에

속한다. 라이프 사이클에서도 안정감이 없는 경우가 많다. 조직에서는 역량을 발휘하여 인정을 받아야 하는 처지이며 가정에서도 X 세대 상사보다는 신경 써야 하는 부분이 많다. 자녀는 어리고 맞벌이 부부가 많아서 가사도 분담해야 한다. 한마디로 일과 가정을 양립하기 힘든 상황이다. 반면 X 세대는 상대적으로 조직과 가정에서 시간적 여유가 많다. 따라서 밀레니얼 세대는 자신의 어려운 처지나 상황을 이해하여 배려해주고 자신을 위해 지원을 아끼지 않는 상사를 원하며, 그런 상사에게는 고마움을 느낀다.

(4) 공정성(Fairness)

밀레니얼 세대는 민주적이고 합리적인 업무 방식에 익숙한 세대다. 따라서 자신의 상사도 민주적이고 공정하기를 바란다. 공사 구분이 불분명하고 편파적인 상사에게는 저항하거나 따져 묻기를 서슴지 않는다.

(5) 일관성(Consistency)과 약속 이행(Promise Fulfillment)

일관성과 약속 이행은 리더가 갖추어야 할 덕목이다. 리더의 행동이 예측 불가능해서 어디로 튈지 모르고, 한 번 내뱉은 말을 슬그머니 거두어들이는 리더라면 누구나 신뢰하기는 어려울 것이다.

밀레니얼 세대를 둔
리더의
역할과 책임

힙합 바지에 최신 전자기기인 삐삐를 주머니에 넣고 다니면서 기성세대는 알아듣지도 못하는 서태지와 아이들의 노래를 따라 부르던 X 세대들이 어느덧 직장에서는 연장자 그룹에 속하게 되었다. 그들은 스스로를 아직 '젊은 오빠(?)'라고 우기기도 하지만, 밀레니얼 세대의 시선으로는 '꼰대'에 가까운 사람이 더 많다. 아직 젊은 나이에 꼰대라고 불리는 것이 당사자로서는 내심 불만이겠지만, 어쩔 수 없는 일이다. 나의 정체성을 규정짓는 것은 불행히도 내가 아니라 나를 평가하는 타인이기 때문이다. 결국 X 세대 리더가 어떤 사람인가는 부하 직원의 손에 달렸다. 따라서 부하 직원에게 좋은 상사라는 소리를 듣기 위해서는 그에 걸맞은 역할과 의무를 다해야 한다. 그렇다면 밀레니얼 세대를 둔 리더에게 요구되는 역할은 무엇일까? 또 그 역할에 따른 책임과 의무는 무엇일까?

프랜시스 쿤로이더를 포함한 일단의 연구자들이 다양한 세대가 함께 어울려 일하는 비영리조직에서의 리더십을 연구한 끝에 쓴 책 『세대를 뛰어넘어 함께 일하기Working across generations』에서는 X 세대가 해야 할 일과 피해야 할 일을 다음과 같이 정의하고 있다.

〈X 세대가 조직에서 해야 할 일〉
- 밀레니얼 세대의 성장을 지원하고, 그들의 아이디어를 배우기
- 일하는 방식을 새롭게 바꾸려는 밀레니얼 세대의 압박 기대하기
- 선배 세대(베이비부머 세대)가 현장에서 수십 년간 쌓은 지식과 경험에 맞서기
- 활동을 진전시키고 필요한 변화를 이루기 위해 베이비부머 세대와 협력하기
- 밀레니얼 세대와 베이비부머 세대를 연결하기

조직의 리더를 맡고 있는 X 세대는 베이비부머 세대와 밀레니얼 세대의 중간에 위치하면서 이 두 세대를 연결하고 각 세대로부터 필요한 것을 성취해야 한다. 베이비부머 세대로부터는 무엇을 성취해야 하는가? 좋은 것은 받아들이고 나쁜 것은 거부해야 한다. 우선 X 세대 리더는 베이비부머 세대인 경영진으로부터 협조와 지원을 얻어야 한다. 그들의 지지와 지원 없이는 활동의 진전과 변화를 이루어 내기 어렵다. 또한 베이비부머가 과거의 관례나 관행을 강요할 경우에는 적극적으로 맞서기도 해야 한다. 만약 권력이나 파워에 밀려 부당한 지시를 막아내지 못한다면 부하 직원에게도 부정적인 영향을 주기 때문이다.

　　한편 부하 직원으로 있는 밀레니얼 세대를 향해서는 그들의 성장을 지원하면서 동시에 그들의 창의적인 아이디어를 수용하고 배워야 한다. 창의력이 요구되는 경영 환경에서 밀레니얼 세대의 참신한 아이디어를 거부한다면 경쟁에서 살아남기 힘들 것이다. 일하는 방식에 있어서 밀레니얼 세대의 참신한 요구를 거절하지 않고 오히려 즐기는 유연성도 가져야 한다. 현대 조직에서는 정보와 IT기술의 발달로 일하는 방식이나 도구가 빠르게 변하고 나날이 발전하고 있다. 변화 적응성이 상대적으로 낮은 X 세대 리더는 변화에 민감하게 반응하는 젊은 세대의 방식을 적절하게 수용할 수 있어야 한다.

〈X 세대가 조직에서 피해야 할 일〉

• 다른 세대와 고립된 채로 리더십을 회피하기
• 밀레니얼 세대의 열정과 도전으로부터 위협 느끼기
• 밀레니얼 세대에게 냉소적인 태도를 보이고, 지식을 공유하지 않으며, 세대 격차를 방치하기
• 변화를 거부하거나 변화에 무관심하기

중간에 위치한 X 세대는 양측의 서로 다른 요구를 들어주면서도 조율해야 하는 입장이라 힘든 경우가 많다. 스스로도 나이를 먹어가기 때문에 변화에 매번 대응하는 것도 쉽지 않다. 끝없이 쏟아지는 후배 세대의 요구사항을 일일이 들어주는 것도 피곤한 일이다. 그렇다고 해서 변화를 거부하거나 밀레니얼 세대에게 영향력을 발휘하는 일을 포기해서도 안 된다. 특히 밀레니얼 세대의 열정을 자신에 대한 도전으로 생각해서 위협을 느끼거나 밀레니얼 세대와 조화를 이루지 못하여 그들에게 냉소적인 태도를 보인다면, 그들과 좋은 관계를 맺기가 어려울 뿐 아니라 제대로 된 리더십을 발휘하기가 불가능해진다. 리더에게 영향력의 발휘란 권리이자 의무다. 어떤 이유에서건 영향력 발휘를 포기한다면 이것은 리더가 되기를 포기한 것과 마찬가지다. 이렇게 되면 조직과 구성원 모두에게 불행한 결과를 초래하는

것은 불을 보듯 뻔한 일이다.

　전국시대 사상가 순자가 이런 말을 했다. "훌륭한 농부는 가뭄이 들었다 하여 농사를 그만두지 않고, 훌륭한 상인은 손해가 난다 하여 장사를 그만두지 않으며, 군자는 가난하다 하여 진리의 길을 포기하지 않는다." 이 말은 오늘날 리더에게도 동일하게 적용된다. 훌륭한 리더는 상황이 어렵다 하여 리더로서의 길을 포기하지 않는다.

4

밀레니얼 세대를
위한
새로운 리더십

나무를 다루는 목수에게도 등급이 있다고 한다. 고수인 대목大木과 하수인 신출내기가 대표적인데, 이들은 재료가 되는 목재를 다루는 방식이 사뭇 다르다. 먼저 신출내기는 목재를 받으면 자신이 만들고 싶은 모양을 만들기 위해 어떻게 톱질하고 대패질할 것인가를 고민한다. 반면 고수인 대목은 목재를 받으면 나무의 모양과 결을 자세히 살핀 후 그것을 어떻게 살릴 것인가를 고민한다. 즉 하수는 목재를 다룰 때 나무가 가진 고유한 본성은 무시한 채 자신이 원하는 모습을 먼저 생각하지만, 고수는 재료가 가진 고유의 특성을 잘 살핀 후 그것을 유지하면서 활용할 수 있는 방안을 모색한다.

이러한 성향은 리더십에서도 동일하게 적용된다. 과거의 리더들은 신출내기 목수와도 같았다. 부하 직원을 받으면 개개인의 특성이나 개성은 무시한 채 조직이 원하는 모습으로 만들기 위해 톱질하고 대패질하기 바빴다. 이러한 환경에서 자란 직원들에게는 개성이나 창의성을 기대하기 힘들다. 빠르게 압축 성장을 해서 선진국을 따라가야 했던 시대 상황을 고려하면 당시로서는 불가피한 측면도 없지 않았다. 하지만 지금은 시대 상황이 변했다. 오늘날의 경영 환경에서는 개성과 창의력이 중시된다. 따라서 조직의 리더도 고수인 대목과 같은 리더십을 발휘해야 한다. 즉 부하 직원 개개인이 가진 특성과 자질을 잘 살핀 후 어떻게 하면 그것을 살릴 것인가를 고민해야 한다. 각자가 가진 개성과 특징을 조직 창의성 발현의 재료로 활용할 수 있는 방안을 고심해야 한다. 대목과 같은 리더는 구체적으로 어떤 모습일까? 크게 두 가지 입장을 가져야 한다. 바로 코치와 파트너.

먼저 오늘날의 리더는 코치가 되어야 한다. 자신의 발전에 관심이 많은 밀레니얼 세대도 자신의 성장을 돕는 코치로서의 리더를 원한다. 단순히 일만 시키고 보상만 해주는 거래적 리더는 관계 형성에 있어서도 한계를 가진다. 보상을 잘해주면 좋은 관계를 유지하지만 보상이 끊어지면 관계도 함께 끊어진다. 하지만 자신의 성장을 돕는 리더에게는 무한한 신뢰를 보내며 관계를 지속하려고 노력한다.

리더가 코치 역할을 제대로 수행하면 밀레니얼 세대는 물론이거니와 리더 자신에게도 좋은 점이 많다. 우선 코치 역할을 잘하면 부하의 역량이 커져서 조직의 성과 향상에 도움이 된다. 코칭은 기본적으로 부하를 가르치는 행위다. 하지만 코칭을 하다 보면 리더의 자기계발에도 유용하다. "배우는 사람보다 가르치는 사람이 더 많이 배운다."라는 말도 있듯이, 부하 직원을 잘 가르치려면 코치가 더 자세하고 정확하게 알아야 된다. 그 과정에서 리더가 더 많이 배우게 된다. 결국 코칭은 부하 직원만이 아니라 리더의 자기계발까지 돕는다. 코칭은 서로의 대인관계를 발전시키는 데 도움이 된다. 상사-부하의 관계가 금전적 보상에 의한 것이 아니라 성장을 돕는 것에 근거하고 있기 때문에 관계가 훨씬 돈독해진다. 한편 코칭을 하다 보면 더 많은 권한 위임을 하게 되고, 그 결과 부하 직원의 창의적인 아이디어를 촉발하는데도 유용하다. 부하에게 권한을 위임하면 부하 직원이 더 주도적으로 업무에 임하게 되고, 그 결과 창의적인 생각을 더 많이 하게 된다. 부하에게 권한 위임을 해준 리더는 시간 활용에도 유리하다. 부하가 알아서 하니 여유가 넘친다. 그 결과 리더는 보다 생산적인 일에 몰두할 수 있게 된다. 이래저래 서로에게 좋은 결과를 낳는 것이 코칭이다.

또한 현대 조직에서 리더와 부하 직원의 관계는 상하 관계로 고착되어서는 안 된다. 오늘날 부하 직원은 조직의 성과를 위한 희생양이 되어서도 안 되고, 상사의 출세를 위한 수단으로 취급되어서도 안 된다. 이제 상사는 부하 직원을 자신과 동등한 인격체로 인식하고 주체적이고 독립적인 지위를 보장해야 한다. 일방적인 의존관계가 아니라 서로가 서로를 필요로 하는 상호의존적 관계로 나아가야 한다. 즉 각자의 역할을 수행하면서 시너지를 창출하는 파트너 관계여야 한다. 상사가 시키는 대로만 움직이는 부하에게는 역동적인 활동도 창의적인 아이디어도 기대하기 어렵다. 기대를 뛰어넘는 성과나 시너지를 만들어내는 일은 불가능하다. 이상적인 상사-부하의 관계는 동등한 입장에서 함께 성장할 수 있는 관계로 나아가야 한다. 결국 오늘날 리더는 코치와 파트너라는 관계 설정을 통해 함께 배우고 성장해야 한다.

중국 명나라 사상가인 이탁오가 이런 말을 한 적이 있다. "스승이면서 배울 것이 없다면 진정한 스승이 아니다. 친구이면서 배울 것이 없다면 진정한 친구가 아니다." 그는 스승과 제자가 영원히 상하 관계에 머물러서는 안 된다고 보았다. 상하 관계가 지속된다는 것은 제자가 스승의 경지에 도달하지 못했다는 뜻이며, 이는 제대로 가르치지 않았다고 볼 수 있기 때문이다. 스승으로부터 제대로 된 가르침을 받은 제자라면 실력이 일취월장하여 스승과 동등한 입장에서 서로가 배움을 주고받는 관계로 나아가야 한다. '교학상장敎學相長'이라는 말처럼 가르치고 배우면서 함께 성장해야 한다. 서로가 서로에게 배우고 함께 성장하려는 자세. 이러한 관점은 조직에서 스승의 입장인 X 세대가 제자의 입장인 밀레니얼 세대 부하에게 가져야 할 마음가짐이기도 하다.

5장

밀레니얼 세대에게 존경받는 리더 되기

부하 직원에게 존경받는 비결은?

　　X 팀장은 인재개발팀으로부터 메일을 한 통 받았다. 얼마 전에 진행되었던 승진자 교육에서 실시한 설문조사 결과였다. 인재개발팀에서는 대리 및 과장 승진자를 대상으로 '부하 직원이 꼽은 꼴불견 상사'를 조사하였다. 결과는 이러했다.

"상사가 싫어요!"라고 느낄 때

1위 - 잘못이나 실수에 대해서 인간적인 모멸감을 줄 때
2위 - 공사 구분이 불명확하고 사적인 감정을 업무와 연계시킬 때
3위 - 부하직원의 의견을 무시한, 일방적인 업무지시를 내릴 때
4위 - 지시에 일관성이 없이 왔다 갔다 할 때
5위 - 책임감이 없이 부하직원에게 책임을 전가할 때
6위 - 상사가 무능하다고 느껴질 때
7위 - 직원을 차별적으로 대하거나 불공정한 평가를 내릴 때

조사 결과는 회사 내 모든 팀장에게 전달되었다. 설문 결과를 보면서 스스로를 점검해 보라는 의도 때문이다. 결과를 받아 본 X 팀장은 자기의 리더십 행동에 대해 반추해 보았다. '나는 혹시 부하의 잘못이나 실수를 질책하면서 인간적인 모멸감을 주지는 않았을까?', '업무 중에 사적인 감정을 드러내지는 않았을까?' 하면서 자신을 모니터링해 보았다. 그 결과 본인은 설문에 나오는 꼴불견 상사에 해당하지 않을 것이라는 긍정적인 결론을 내렸다. 작년에 실시한 리더십 다면평가에서 팀원들이 자신의 리더십에 대해 나쁘지 않게 평가한 것도 그러한 결론을 내리는 데 도움이 되었다.

그래도 혹시 몰라 X 팀장은 M 대리를 불렀다. 그는 M 대리에게 설문 결과를 보여주면서, 혹시 자기가 이 중에서 해당되는 행동을 한 적이 있는지를 물었다. M 대리는 팀장의 질문에 의미심장한 미소를 지으면서 "팀장님이야 그렇게 꼴불견인 경우는 거의 없었죠."라고 말하고는 자리를 떠났다. X 팀장은 M 대리의 대답을 듣고 찜찜한 구석이 생겼다. 아니라고는 했지만 말 속에

담긴 묘한 뉘앙스가 의구심을 불러일으켰다. '그렇게…라는 건 완전히는 아니지만 약간은 그렇다는 뜻인가? 거의…라는 말은 자주는 아니지만 가끔씩은 꼴불견 짓을 한다는 말인가?'

　　X 팀장은 다시 한 번 자신의 행동을 돌이켜보았다. 사실 X 팀장은 평소 직급을 무기로 갑질하는 상사를 싫어했기 때문에 자신도 부하 직원에게 함부로 하는 것을 삼가려고 노력했다. 그럼에도 곰곰이 생각해보면, 부하 직원에게 모멸감이나 상처를 준 적이 전혀 없다고 장담하기 어려웠다. 생각이 여기에 다다르자, X 팀장은 리더 역할이 쉽지 않다고 느껴졌다. 팀을 책임지고 관리하면서 성과를 내야 하는 팀장이 부하 직원에게 꼴불견 소리를 듣지 않거나 나아가 존경받는 일은 '낙타가 바늘구멍을 통과하는 것'만큼이나 어렵다는 사실을 절감했다. X 팀장은 부하 직원에게 존경받기 위해서는 도대체 리더가 어떻게 해야 하는지 궁금해졌다.

1

밀레니얼 세대의
태도를
긍정적으로 수용하자

흔히 기성세대는 밀레니얼 세대를 두고 버릇이 없다, 예의가 없다, 상사는 안중에도 없다, 선배를 무서워하지 않는다 등등의 이야기를 한다. 한마디로 '싸가지가 없다'는 말이다. 밀레니얼 세대가 기성세대들에게 싸가지 없다는 평가를 받는 이유는 무엇일까? 밀레니얼 세대의 어떤 행동을 보고 그런 평가를 내리는 것일까? 이러한 평가는 대부분 예의범절과 관련된 것으로 조직 생활에서는 밀레니얼 세대가 상사를 대하는 행동을 보고 평가한 결과다.

밀레니얼 세대는 상사에게 자신의 의견을 거침없이 말하기도 하고, 때로는 상사의 주장에 비판적 태도를 보이기도 한다. 이러한 태도는 기성세대로서는 상당히 낯선 모습이다. 기성세대가 부하였던 시절의 조직문화에서는 감히 상상조차 하기 힘든 일이기 때문이다. 하지만 기업의 조직문화는 고정된 것이 아니다. 그동안 직급이나 나이 차이에 따른 강한 위계질서가 존재했던 한국의 기업문화는 시간이 흐르면서 조금씩 변해왔다. 지난 몇십년간 낮은 직급의 사원들이 상사에게 직접적으로 의견을 표현하거나 선배 세대가 젊은 세대의 아이디어를 수용하는 방향으로 조금씩 진화해왔다. 해서 오늘날에는 밀레니얼 세대의 직설적이고 비판적인 태도가 아주 이상하거나 그릇된 행동이 아니다.

밀레니얼 세대는 이와 같은 문화적 변화를 어릴 때부터 체험하면서 자랐다. 가정에서 부모-자식 간에도 과거 가부장적이고 권위적인 관계가 아니라 '친구 같은 아빠', '자매 같은 엄마'와 격의 없이 지내며 성장했다. 심지어 대학에서 스승과 제자의 관계도 일방적이지 않았다. 요즘은 학점과 같이 민감한 문제에서도 제자가 스승에게 서슴지 않고 자신의 의견을 이야기하는 것은 일상적인 일이다. 이런 풍토 속에서 성장한 밀레니얼 세대는 조직에서도 유사한 문화 현상을 기대한다. 하여 밀레니얼 세대는 경우에 따라서는 상사에게 비판적인 태도를 보일 수 있다고 믿는다.

상사의 입장은 다르다. 밀레니얼 세대가 자유롭게 자신의 의견을 이야기하는 태도를 불편하게 느낄 수 있다. 그들 주장의 옳고 그름을 떠나 상사 입장에서는 부하에게 비판을 받으면 기분이 나빠지기 쉽다. 그들의 주장이 위계질서나 권위에 대한 도전으로 인식되거나 상사에 대한 존중이 없는 것으로 받아들여질 수도 있기 때문이다. 하지만 밀레니얼 세대가 상사에게 비판적인 의견을 제시했다고 해서, 그들이 조직 내 위계질서를 없애고 싶어 하는 것은 아니다. 밀레니얼 세대도 조직 내 위계질서는 반드시 필요하며 유용한 면이 있다고 믿는다. 다만 그들은 자신의 의견을 어디서 어떻게 제시할지, 자신의 의견이 실제로 어떻게 반영되고 있는지를 알고 싶을 뿐이다.

따라서 기성세대는 밀레니얼 세대의 자유로운 의견 개진이나 아이디어를 긍정적인 에너지로 전환하는 노력이 필요하다. 부하 직원들은 상사가 자신의 아이디어를 인정해주고 반영해줄 때, 일에 대한 몰입도가 높아지고 상사와의 관계도 긍정적으로 변하게 된다. 그들의 의견을 단지 '싸가지 없음'으로 평가절하 해버리면 서로 간의 관계가 악화되고 조직의 활력도 저하되고 만다.

2

용서 안 되는 리더

VS.

따르고 싶은 리더

- 용서 안 되는 리더

『성공하는 사람들의 7가지 습관』으로 우리에게 잘 알려진 스티븐 코비 박사는『신뢰의 속도』라는 책에서 직원 중 51%만이 고위관리직을 신뢰하고, 31%만이 리더가 정직하고 청렴하게 행동한다고 믿는다는 연구 결과를 제시하였다. 리더를 신뢰하는 직원보다 신뢰하지 못하는 직원이 더 많다는 뜻이다. 직원들은 무엇 때문에 리더를 신뢰하지 못하는 것일까? 코비 박사의 주장에 힌트가 들어있다. 그는 이렇게 말한다. "비윤리적 행동 때문이든, 윤리적이지만 무능한 행동 때문이든 신뢰가 약해지면 갈등이 생긴다. 신뢰가 약해지면 개인의 삶은 물론이고 조직도 아주 큰 손실을 입게 된다."

직원이 리더를 신뢰하지 못하는 이유는 크게 2가지 요소 때문이다. 무능하거나 윤리적이지 못하거나. 즉 리더의 능력과 도덕성의 결여는 부하 직원의 신뢰에 악영향을 미친다. 신뢰가 깨지면 갈등이 많아지고 개인과 조직에 좋지 못한 결과를 초래한다. 능력이 부족한 리더와 도덕성이 부족한 리더 중에는 어느 쪽이 더 치명적일까? 당연히 도덕성이다. 능력이 부족한 리더는 신뢰하기 어렵지만 그렇다고 치명적인 수준은 아니다. 당사자도 능력자가 되길 원했을 테지만 그러지 못한 상황이라 지켜보는 사람의 입장에서 안타까운 마음이 앞서기도 한다. 또 나중에라도 능력을 갖추면 신뢰가 회복되는 경우도 있다. 해서 능력 부족으로 인한 신뢰 상실은 회복도 가능하다.

하지만 도덕성의 문제는 보다 치명적이고 회복이 불가능한 경우가 많다. 예를 들어 부부간에도 남편이 능력 부족으로 월급을 적게 받아오면, 부인 입장에서 화는 나겠지만 그렇다고 절대 용서하지 못할 일은 아니다. 또 나중에 월급을 많이 받게 되면 과거의 잘못은 없었던 일이 된다. 하지만 도덕성의 문제라면 이야기가 달라진다. 가령 배우자가 몰래 바람을 피우다 걸렸다고 치자. 이 상황은 능력의 문제보다 신뢰에 더 악영향을 미친다. 이 상황은 시간이 지나도 회복되기 어렵다. 이렇게 능력 문제보다는 도덕성 문제가 신뢰에 치명적이다.

조직에서도 마찬가지다. 능력이 부족하거나 비도덕적인 리더는 부하 직원들이 신뢰하지 않는다. 특히 도덕성의 문제 때문에 신뢰를 잃은 상사는 용서받기가 어렵다. LG경제연구원에서는 「비윤리적인 리더, 이렇게 행동한다」라는 보고서에서 비윤리적인 리더의 특징을 5가지로 정의했다.

(1) 진실을 감추거나 왜곡한다.

간혹 자신의 이익을 위해 현실을 왜곡하고 진실을 감추려는 리더가 있다. 실적을 거짓으로 부풀려 상부에 보고하거나, 자신의 잘못이나 실수를 감추거나 남에게 전가하거나, 상급자의 인정을 받기 위해 입맛에 맞게 정보를 가공하는 등의 정직하지 못한 행위는 결국 회사와 직원에게 큰 피해를 끼치게 된다. 이러한 행위를 하는 리더를 옆에서 지켜보는 부하 직원은 면전에서는 어쩔 수 없는 일이라고 생각하는 척하지만 돌아서면 '저 사람은 절대 믿어서는 안 되겠다.'고 다짐하게 된다.

(2) 공사 구별을 하지 못한다.

어떤 리더는 부하 직원을 마치 개인 비서처럼 생각하는 경우도 있다. 아무렇지도 않게 부하 직원에게 사적인 심부름을 시키거나 자신이 다니는 대학원의 과제물을 대신 해달라고 부탁

하는 경우도 있다. 이처럼 상사가 사적인 일을 회사 일인 것처럼 혼동하는 일이 반복되면 부하 직원은 기분이 상할 뿐만 아니라 자신의 업무에 대한 의욕마저 떨어질 수 있다. 상사가 사적인 일에 부하 직원을 동원하게 되면 직원들도 회사 일에 책임감을 가지지 못하게 되며, 신뢰는 땅에 떨어지고 만다.

(3) 성과는 독점하고 책임은 회피한다.

수개월간 함께 고생하며 이뤄낸 프로젝트의 성과를 경영진에게 보고하면서 마치 혼자서 다한 것처럼 성과를 독차지하거나, 부하 직원이 밤새워 잘 만든 보고서를 슬쩍 이름만 고쳐 자신이 만든 것처럼 꾸미는 상사가 있다. 부하 직원은 이런 상사의 모습에서 배신감을 느낀다. 이런 일을 당하게 되면 그 다음부터는 열심히 일해야겠다는 생각이 사라진다. 열심히 해 봐야 또 공을 가로챌 것이라고 생각하기 때문이다. 또 결과가 좋지 못했을 때 책임을 회피하는 상사도 용서받기 힘들다. "세상이 어려울수록 비로소 누가 충신인지 알 수 있다(세란식충신, 世亂識忠臣)."라는 옛말도 있듯이, 신뢰는 어려운 상황에서 어떻게 행동하는지에 달려있다. 상황이 좋을 때는 큰소리치다가도 상황이 나빠지면 슬그머니 발을 빼는 리더를 신뢰할 부하는 없을 것이다.

(4) 목적 달성을 위해서라면 수단과 방법을 가리지 않는다.

단기적인 성과나 개인의 성공에 집착하여 목적 달성을 최우선으로 생각하는 리더는 종종 부하 직원에게 무슨 수를 써서라도 이 일은 반드시 해내야 한다는 식의 지시를 내리기도 한다. 즉 결과 중심적인 사고에 빠진 리더는 정당하지 못한 수단을 사용하더라도 결과만 좋으면 그만이라는 생각 때문에 비현실적인 목표를 세우고, 급기야 부하 직원에게 목적을 위해 수단과 방법을 가리지 말라고 은근히(또는 대놓고) 강요하게 된다. 하지만 부하 입장에서 보자면 과정을 무시하고 정당하지 못한 방법으로 만들어낸 결과는 성취감도 크지 않고, 그 결실이 정작 본인에게 도움도 되지 않는다. 결국 상사의 성공을 위해 수단과 방법을 가리지 않았다고 느끼게 되고, 상사에게 이용당했다는 기분에 사로잡히기 십상이다.

(5) 언행이 일치하지 않는다.

리더의 말과 행동이 일치하지 않으면 부하 직원은 당혹감을 느끼면서 리더에 대한 신뢰를 거두어들인다. 리더의 말과 행동이 다르면 부하 직원은 리더의 진심을 알지 못해 혼란스러워하고, 그 결과 리더가 무슨 말을 하더라도 진심이라고 믿지 않는다. 결국 평소 언행이 일치하지 않는 리더는 겉과 속이 다른 사람으로 인식되어 부하 직원에게 신뢰를 얻는 데 실패하게 된다.

펜실베니아 주립대학의 트레비노 교수의 연구(2000년)에 의하면 윤리적인 리더가 이끄는 조직이 그렇지 못한 경우보다 성과도 높으며, 우수 인재를 확보하고 유지하는 데 더 유리한 것으로 나타났다. 앞에서 소개한 5가지의 부적절한 행위를 하는 리더는 윤리적이지 못한 사람으로 낙인찍힐 뿐만 아니라 신뢰성에 치명상을 입게 된다. 신뢰를 얻지 못한 리더가 부하 직원에게 존경을 받거나 조직을 잘 이끄는 일은 있을 수가 없다. 리더의 윤리성은 구성원과 소통하고 동기부여를 하는 데 중요한 밑바탕이 되기 때문이다. 부하 직원에게 존경받고 싶다면, 특히 밀레니얼 세대에게 존경받는 리더가 되고 싶다면 뛰어난 능력은 물론 도덕성도 함께 겸비해야 한다.

- 따르고 싶은 리더

글로벌 컨설팅 회사인 딜로이트가 2016년 29개국 7,700명의 밀레니얼 세대 직장인을 대상으로 설문조사를 했다. 그 결과 1년 이내에 지금 다니는 회사를 떠날 계획이 있다고 답한 비율이 무려 25%였으며, 2년 내 떠날 계획이라고 답한 비율이 무려 44% 나 되었다. 아무리 노동시장이 유연해졌다고 하더라도 취업의 어려움을 감안한다면 놀랄 만한 수치가 아닐 수 없다. 그들은 왜 회사를 떠나려고 할까? 회사를 떠날 계획이라고 응답한 사람들 이 밝힌 가장 큰 불만은 '자신에 대한 무관심'과 '미래 성장에 대 한 불투명'이었다. 전체 응답자의 63%가 본인의 리더십(역량) 개 발이 이루어지지 않아서 불만이라고 답했다.

　　반면 향후 5년 동안 이직 계획이 없다고 이야기한 직원 중 68%가 현재 조직에 남으려는 요인으로 꼽은 것이 '자신의 성장 에 관심을 갖고 시간과 노력을 투자해주는 멘토 혹은 리더가 있 기 때문'이라고 답했다. 밀레니얼 세대의 높은 이직 경향을 줄일 수 있는 방안이 조직의 노력만이 아니라 리더의 노력에도 달렸 음을 알 수 있다. 또한 개인의 성장이 밀레니얼 세대 직장인에게 는 조직과 일을 선택하는 데 있어 중요한 요소라는 사실을 알 수 있다. 요컨대 밀레니얼 세대는 자신의 성장을 돕는 리더를 원하 고 그러한 리더를 따르려 한다.

　　밀레니얼 세대가 존경하며 따르고 싶은 리더는 어떤 사람 인지 좀 더 자세히 알아보자. 밀레니얼 세대는 어떤 리더를 존경 하고 따를까? 『Good to Great』의 저자 짐 콜린스는 포춘 500대

기업 중 11개의 위대한 기업을 선정하였는데, 이들 기업의 공통점으로 일명 'Level-5 리더'라고 불리는 위대한 리더가 있었다고 주장했다. 레벨 5 수준의 위대한 리더는 '개인적 겸손personal humility' 과 '강한 직업적 의지professional will'를 가진 사람으로 겉으로 보기에는 수줍음이 많고 겸손하지만 내면적으로는 강인한 의지를 지녔다. 외유내강형 리더인 셈이다. 이 리더들은 좋은 기업을 넘어 위대한 기업이 되려면 두 가지가 필요하다고 말했는데, 첫 번째가 '운'이고 두 번째가 '훌륭한 후계자'였다.

이에 대해 짐 콜린스는 '창과 거울window & mirror'의 비유를 들어 그들의 성공 요인을 해석하였다. 그들은 겸손하기 때문에 성공했을 때는 마치 창 너머를 보듯 성공의 이유를 외부의 사람이나 사건으로 돌리려 하고 이유를 찾지 못하면 행운으로 돌린다. 반대로 문제가 생기면 불운을 탓하거나 외부 요인에 책임을 묻지 않고 거울을 보면서 자기 자신에게서 원인을 찾는 것이다. 우리 속담에 '잘되면 제 탓, 잘못되면 조상 탓'이라는 말이 있는데, 이것과는 정확히 반대로 행동하는 것이다.

반면 다른 비교 기업 리더들은 대개 일이 잘 풀리면 자신에게 공로를 돌렸고, 문제가 생기면 밖에서 비난의 대상을 찾으려 한다는 것이다. 결국 좋은 리더와 위대한 리더를 구분 짓는 것은 '인품'이다. 공功은 부하에게 돌리고, 과過는 자신에게 돌리는 훌륭한 성품을 갖춘 사람이 위대한 리더다. 이처럼 훌륭한 인격과 강한 의지로 위대함을 추구하는 리더에게 부하 직원들이 존경심을 갖는 것은 너무나 당연하다.

리더십 전문가인 존 젠거와 조셉 포크먼은 『탁월한 리더는 어떻게 만들어지는가』라는 책에서 조사 대상 2만 5,000명의 리더 중 상위 10% 리더의 특성을 분석한 결과, 리더십에서 가장 중요한 핵심은 리더의 '품성character'이라고 주장했다. 또한 제임스 쿠제스와 배리 포스너는 1987년 『리더』라는 책에서 리더십에 관한 연구를 했는데, 그 결과 사람들은 우선 리더가 자신이 따를 만한 가치가 있는 사람인지 확인한 후 자신의 행동을 결정하는데, 이때 리더가 가진 능력이나 전문성보다는 성품이나 정직 등 인격적 요소를 더 중요하게 본다는 것이다. 짐 콜린스는 그들이 리더십에 대해 조사한 지 20년이 지났지만 변함없이 전 세계적으로 존경 받는 리더의 첫 번째 특징이 '정직honest'이라고 강조했다. 『리더십 챌린지』의 저자인 제임스 쿠제스와 배리 포스너는 전 세계 각계각층의 리더를 만나서 자료를 수집한 후 성공한 리더의 특성을 분석, 요약하였다. 책에 따르면 존경받는 리더는 '유능한, 정직한, 미래지향적인, 영감을 부여하는, 일관성 있는' 등의 5가지 특성을 가진다고 주장했다. 여기서도 '유능한, 미래지향적인' 등의 능력 요소와 함께 '정직한, 일관성 있는' 등의 성품 요소가 중요하게 나타나고 있다.

『긴 세대 리더의 반란』의 저자 조미진도 국내 기업을 대상으로 수많은 연구를 진행한 결과 조직 구성원이 존경하고 좋아하며 따르고 싶어 하는 리더의 대표적인 유형으로 3가지를 꼽았다. 잘못을 인정하고 사과할 줄 아는 리더, 따뜻한 리더, 배울 점이 있는 리더가 그것이다. 여기서도 인격이나 성품과 관련된 요소와 능력 요소가 공통으로 들어 있지만 능력보다는 성품이 강조되고 있음을 알 수 있다.

밀레니얼 세대는 기본적으로 개인의 성공을 중요하게 생각하기 때문에 성장과 성취 욕구가 강하다. 그래서 능력이 출중한 리더를 따를 것이라고 생각하기 쉽지만, 그들에게 리더가 능력을 갖추는 것은 기본에 불과하다. 그들은 기본만 갖춘 리더, 즉 능력만 갖춘 리더는 존경할 대상이라 생각하지 않는다. 그들에게 존경을 받으려면 기본을 넘어서야 한다. 뛰어난 능력에 훌륭한 인품까지 갖추어야 한다. 그들이 바라는 훌륭한 리더는 정직, 청렴, 겸손, 일관성, 진정성, 잘못을 인정하는 태도, 상대에 대한 이해와 배려 등을 통해 부하 직원에게 행복한 영향력을 미치는 온전한 품성을 가진 사람이다.

3

밀레니얼 세대에게
존경받는
리더

프랑스 철학자 몽테뉴는 그의 책 『수상록』에서 이런 말을 했다. "나는 고향에서 멀어지면 멀어질수록 더 높이 평가받는다." 또한 "어떤 존재가 이 세상의 눈에는 경이로 비칠 수 있다. 그러나 그의 부인과 하인들은 그 사람에게서 놀랄 만한 것을 전혀 보지 못한다. 가족들에게까지 경이로운 존재가 될 수 있는 사람은 극히 드물다."라는 말도 했다. 그는 멀리 있는 사람에게서 경이롭다고 칭송받는 사람도 가까운 가족에게는 칭찬을 받는 일이 드물다고 보았다. 인간인 이상, 모든 면에서 완벽할 수 없기에 매일 마주보면서 자신의 일거수일투족을 훤히 들여다보는 사람에게까지 존경을 받는 일은 아무래도 힘든 일일 것이다. 이러한 일은 오늘날 조직에서도 비슷하게 적용된다. 매일 마주보면서 일을 하는 부하에게 존경을 받기란 상당히 힘든 일이다. 그럼에도 밀레니얼 세대는 뛰어난 능력과 훌륭한 성품을 갖춘 리더를 좋아하고 따르며, 그러한 리더에게 기꺼이 존경심을 표하는 세대다. 밀레니얼 세대에게 존경받는 리더는 구체적으로 어떤 모습일까? 밀레니얼 세대는 다음의 5가지 리더를 존경하고 따른다.

(1) 스스로 실력을 갖추기 위해 노력하는 리더

밀레니얼 세대는 기본적으로 '능력자'를 좋아한다. 그들은 직장 생활을 통해 자신의 꿈과 행복을 성취하기를 원한다. 그래서 친밀하고 좋은 성품을 가졌더라도 실력이 없거나 전문성이 부족한 리더에게는 쉽게 불만이 쌓인다. 반면 다소 괴팍하더라도 전문성이나 실력만큼은 타의 추종을 불허하는 리더에게는 기꺼이 존경심을 표한다. 능력을 갖춘 상사에게서 배우고 성장하기를 기대하기 때문이다. 한편 그들이 바라는 리더의 모습이 완성형은 아니다. 환경의 변화가 빠른 현대사회는 매일 새로운 정보와 지식, 기술과 노하우가 쏟아져 나온다. 따라서 평소 자기계발을 게을리하는 리더는 능력자가 되기도 어렵고, 한때 능력자라는 소리를 들었더라도 금방 경쟁력을 잃고 많다. 즉 오늘날 이상적인 리더는 자신의 실력을 갖추기 위해서 끊임없이 노력해야 한다. 밀레니얼 세대는 쉼 없이 자신의 역량을 높이기 위해 노력하는 리더에게 존경과 박수를 보낸다. 또 그러한 리더와 좋은 관계를 유지하기를 기대한다.

(2) 자신의 일에 열정을 다하고 몰입할 줄 아는 리더

밀레니얼 세대는 열정을 가진 리더에게 열광한다. 열정熱情이란 어떤 일에 애정을 가지고 열중하는 마음을 말한다. 누구나 쉽게 성취할 수 있는, 확실한 일을 해내는 사람을 보고 열정이라는 단어를 떠올리기는 힘들다. 열정이란 모두가 어렵다고 주저하는, 불확실성 앞에서도 강한 신념을 가지고 행동하는 모습에서 발현되는 특성이다. 결국 열정적인 리더란 어려움이나 불확실성이 존재하는 상황에서도 주저함 없이 돌진할 줄 아는 사람이다. 열정을 가진 리더는 단순하다. 가야 할 길이 정해지면 거침없이 전진한다. 중간에 힘들지는 않을까, 혹시 문제가 생기지는 않을까, 나중에 후회하지는 않을까 등의 고민은 하지 않는다. 목표에 집중하기 때문이다. 이처럼 앞뒤 따지지 않고 눈앞의 목표에 집중하는 상태가 열정이다.

남들보다 뛰어난 성취를 이루었거나 자기 분야에서 최고의 위치까지 오른 사람은 모두가 자신의 일에 열정을 가졌다는 공통점이 있다. 열정이 없으면 성취도 없는 법이다. 열정을 가진 사람은 자신의 일에 몰입하게 된다. '몰입沒入'이란 깊이 파고 들거나 빠지는 상태를 말한다. 가령 열정적으로 사랑을 하는 사람은 자신이 선택한 상대방에게 몰입하게 된다. 다른 사람은 쳐다보지도 않고 그 대상에만 집중한다. 동일한 메커니즘으로 자신의 일에 열정을 불태우는 사람은 그 일에 몰입하게 된다. 중간에 장애물을 만나도 물러나지 않는다. 그것을 뛰어넘을 방법을 고민하고 고민하여 결국에는 찾아내고야 만다. 그러니 몰입하는 사람은 성취가 남다를 수밖에 없다. 열정과 몰입은 동색同色이다. 열정에 빠지면 몰입하게 되고, 무엇인가에 몰입하고 있는 사람은 열정적이다. 열정과 몰입은 당사자를 성공으로 이끈다. 밀레니얼 세대는 능력자를 좋아하고 높은 성취를 이룬 사람을 따른다. 따라서 평소 자신의 일에 열정을 다하고 몰입하는 리더를 존경하고 따른다.

(3) 마음을 열어 공감하고 소통하는 리더

밀레니얼 세대는 수직적 관계보다는 수평적 관계를 선호한다. 커뮤니케이션에서도 일방적인 방식보다는 쌍방향의 수평적인 관계를 선호한다. 수평적인 커뮤니케이션은 정보를 전달하는 것에만 머무르지 않는다. 마음과 감정의 교류까지 포함한다. 밀레니얼 세대는 자신의 감정 상태를 이해하고 공감해주는 리더를 선호한다. 공감이란 상대방의 감정이나 의견, 주장에 대해서 자신도 동일하게 느끼는 상태를 말한다. 상대방의 희로애락을 잘 이해하고 자신도 그 감정에 호응할 수 있어야 공감이다.

공감을 위해서는 먼저 열린 마음을 가져야 한다. 이는 자신의 관점이 아니라 상대방의 관점을 인정하는 태도이다. 즉 상대방이 처한 상황이나 입장을 고려하여 상대방의 기분이 어떠할지를 생각해야 한다. "당신의 입장을 나도 잘 알지만, 내가 그 나이 때는 말이야…" 하면서 말로는 상대를 이해한다고 하지만 자기 입장만 늘어놓으면 상대방이 공감한다고 느끼기 어렵다. 당연히 제대로 된 소통도 이루어지기 힘들다.

결국 공감이 있어야 소통도 가능하다. 소통이란 정보의 전달만이 아니라 심리적인 측면까지 포함하는 개념이기 때문이다. 인간관계를 위한 소통에서는 정보보다는 마음이 더 중요하다. 정보만 주고받는 상태는 '차가운 언어'만으로 대화하는 것이다. 진심을 담은 마음까지 주고받아야 '따뜻한 언어'로 대화하는 것이다. 밀레니얼 세대는 자신의 입장과 처지를 잘 이해하고 공감할 줄 아는 리더에게 마음을 열고 소통을 한다. 또 그런 리더와 좋은 관계를 유지하려 한다.

(4) 소신과 책임감을 갖춘 리더

밀레니얼 세대를 포함한 모든 부하 직원은 소신 있는 리더를 좋아한다. 리더의 소신은 언제 발견되는 것일까? 그가 부하 직원을 상대할 때 나타날까, 상사를 상대할 때 나타날까? 리더의 소신이 진면목을 드러낼 때는 주로 그가 상사와 상대할 때이다. 특히 상사의 지시가 부당하거나 불합리하다고 느껴질 때, 당당하게 자신의 생각과 의견을 밝힐 수 있어야 소신 있는 사람이다. 즉 부하 직원들은 'Yes맨' 상사를 싫어한다. Yes맨 상사는 상부의 부당한 지시에 아무런 의견도 제시하지 못하고 굴복한다. 그 결과는 부하 직원들이 몸으로 때워야 하는 경우가 대부분이다.

상부의 지시에 'No'라고 말하는 것은 쉬운 일일까? 조직에서 리더 위치에 있는 사람은 경영진의 눈치를 더 많이 살펴야 한다. 그래서 리더라 하더라도 상부의 지시에 반하여 자신의 소신을 펼치는 일은 쉬운 일이 아니다. 그러려면 자신의 생각이 옳다는 믿음이 있어야 한다. 잘못되었을 경우 책임을 질 각오도 해야한다. 결국 소신 있는 리더는 책임감이 높은 사람이다. 달리 말하면 책임감이 높아야 소신 있게 행동할 수 있다.

상부의 불합리한 지시나 불합리에 맞서 소신 발언을 하는 행위는 위험천만한 일이 될 수도 있다. 하지만 부하 직원들은 리더의 그러한 모습에 매료된다. 위험을 무릅쓰고 옳음을 실천하는 사람은 멋있게 보일 수밖에 없다. 일제 강점기 목숨을 걸고 독립운동을 했던 항일 투사가 멋져 보이는 것과 같은 이치다. 밀레니얼 세대는 소신과 책임감을 갖춘 리더를 존경하고 따른다.

(5) 부하 직원과 함께 성장하려는 리더

밀레니얼 세대는 성장 욕구와 성취 욕구가 강하다. 이는 X세대인 리더에게도 해당된다. 욕구계층설을 주장했던 미국의 심리학자 매슬로우는 인간의 욕구를 5단계로 구분하고, 그중에서 가장 높은 욕구를 '자아실현의 욕구'라고 주장했다. 성취나 성장에 대한 욕구도 자아실현의 욕구에 해당된다. 즉 성장을 통해 자신의 잠재가능성을 실현하려는 욕구는 누구나 가지고 있으며, 인간이 가진 가장 높은 수준의 욕구다. 이것은 리더에게도 있고 부하 직원에게도 있다.

하지만 리더 중에는 자신의 자아실현을 위해 부하 직원을 수단으로 삼는 이도 있다. 부하 직원의 성장에는 관심이 없으며 부하 직원을 발판 삼아 자신의 욕망을 실현하려는 사람이다. 이러한 행위는 부하 직원의 욕구를 무시하고 꺾게 된다. 리더가 아무리 감언이설로 상황을 포장하려 해도 부하 직원은 자신이 상사의 성공 수단밖에 되지 않는다는 사실을 안다. 그러니 부하 직원 입장에서 이런 상사를 좋아할 리 없다. "언제 어디서든 인간을 수단이 아닌 목적으로 대하라."는 독일 철학자 칸트의 말을 되새겨볼 필요가 있다. 조직에서도 상사가 부하 직원을 자신과 동등한 인격체로 인정하고 함께 자아실현을 이룰 수 있도록 노력할 때 좋은 관계로 발전할 수 있으며, 부하 직원은 이런 상사를 존경하고 따르게 된다.

앞에서 소개한 밀레니얼 세대에게 존경받는 5가지 리더상이 너무 이상적이라고 느껴질지 모르겠다. 조직의 현실 상황을 고려한다면 5가지를 모두 갖추기란 분명 쉬운 일만은 아닐 것이다. 하지만 새로운 리더상은 단지 밀레니얼 세대만을 위한 것이 아니다. 새로운 시대에 맞는 새로운 리더십은 밀레니얼 세대인 부하가 가진 입장과 특성을 이해하고, 그에 맞게 영향력을 발휘하는 것이다. 즉 새로운 리더십은 부하 직원은 물론이고 리더의 성장과 자아실현을 이루는 데도 도움이 된다.

밀레니얼
세대를
춤추게 하라

서로 다른 인생 목표와 행복의 기준

최근 M 대리는 거금을 들여 고급 카메라를 구입했다. 작년에 취미로 시작한 사진 찍기를 좀 더 밀도 있게 하기 위해서다. 이런 M 대리의 행동을 X 팀장은 이해하지 못했다. M 대리가 매월 수십만 원씩 월세를 내고 있는 상황인 만큼 불필요한 지출을 줄이고 돈을 모아서 집을 사는 것이 우선순위가 되어야 한다고 팀장은 생각했다. 그렇다고 M 대리가 평소 씀씀이가 헤픈 것은 아니다. 하지만 한 번씩 이해할 수 없는 지출을 감행할 때가 있다. 이 문제로 X 팀장은 M 대리와 대화를 나누기도 했다.

X 팀장 : 자네는 취미 활동에 너무 많은 투자를 하는 것은 아닌가? 사진 작가가 될 게 아니라면, 적당히 즐기는 게 좋지 않을까! 그 돈을 모았다가 내 집 마련에 투자한다면 나중에 더 빨리 행복해질 수 있을 텐데 말이야….

M 대리 : 그런가요? 이왕 말이 나왔으니 한 번 물어볼게요. 팀장님은 행복이 뭐라고 생각하세요?

X 팀장 : 갑자기 그렇게 물어보니 당황스러운데… 사람마다 행복의 기준이 다르겠지만, 내 집이 있고, 몸 건강하고, 노후 준비 정도는 되어 있어야 행복하지 않을까? 젊어서는 그 행복을 위해 준비를 해야 하는 것이고.

M 대리 : 물론, 경제적으로 안정된 삶이 행복일 수도 있겠죠. 하지만 팀장님 말씀처럼 행복의 기준은 사람마다 다르니까요, 오직 그것만이 행복이라고 단정 지을 수는 없지 않나요? 저는 경제적으로 조금 부족하더라도 내가 하고 싶은 일을 하면서 사는 것이 행복이라고 생각합니다. 지금은 사진을 찍을 때가 제일 행복하거든요. 그래서 새로 카메라를 구입한 것은 제 행복을 위한 투자라고 생각합니다.

X 팀장 : 그래? ….

M 대리와 대화하면서 X 팀장은 사람마다 추구하는 인생의 목표와 행복의 기준이 각기 다르다는 사실을 깨달았다. 자기 세대에도 사람마다 인생의 목표는 각자 조금씩 달랐지만, '내 집 마

런'이라든지 '단란한 가정'과 같은 것은 공통으로 들어 있었다. 자신을 포함하여 기성세대는 대체로 경제적 안정을 중심으로 정형화된 인생 목표를 가지고 있었다. 하지만 오늘날 젊은 세대는 기성세대와는 다른 목표, 사람마다 다른 행복의 기준을 가지고 있다는 사실을 새삼 깨닫게 되었다. 인생에서 추구하는 목표와 가치가 다르다 보니 삶의 우선순위에도 차이가 있었다. 내 집 마련보다는 취미 활동을 우선시하는 M 대리를 보면서 X 팀장은 '이들에게 어떤 당근을 제시해야 동기부여가 될 수 있을까'라는 근본적인 의문이 들기 시작했다.

밀레니얼 세대는
동기부여가
안 된다?

강 팀장 : 이번에 사장님의 특별지시로 급하게 추진해야 할 프로젝트가 있는데, 홍 대리가 맡아주었으면 해. 새로운 일이라 고생은 좀 하겠지만 이번 일을 잘 마무리하면 과장으로 진급할 수 있도록 내가 힘을 써 볼게….

홍 대리 : 그런 일이라면 진급을 바라는 박 차장님께 맡기시죠. 저는 진급에 별로 관심이 없거든요.

강 팀장 : (당황하며) 진급하는 것이 싫다고?!!!

홍 대리 : 과장으로 진급하면 할 일만 많아지잖아요. 굳이 그렇게까지 해서 진급하고 싶지는 않습니다.

평양 감사도 저 싫으면 그만이라는 속담이 생각나는 순간이다. 팀장이 부하 직원에게 진급이라는 결정적인 당근을 제시했음에도 부하 직원은 전혀 반응이 없다. 낚시에 비유하면, 당근과 채찍은 흔히 조직에서 상사가 부하 직원에게 동기를 부여할 때 사용하는 강력한 두 종류의 미끼다. 그들이 좋아하는 미끼를 매달면 부하 직원은 왈칵 달려들어 덥석 문다. 하지만 앞의 예처럼, 요즘에는 이러한 미끼가 통하지 않을 때도 많다. 왜 그럴까? 미끼를 잘못 사용했기 때문이다. 부하 직원이 좋아하는 미끼가 아니기 때문에 입질조차 없는 것이다. 기성세대에게는 보상이 가장 끌리는 수단이었다. 연봉을 올려주고 진급을 시켜준다면 아무리 힘든 일도 마다하지 않았다. 옛 속담에 "돈이라면 호랑이 눈썹도 빼 온다."는 말이 괜히 생겨난 것이 아니다. 하지만 이제 그 속담은 말 그대로, 옛말이 되었다.

요즘 밀레니얼 세대에게는 돈이 전부가 아니다. 연봉을 인상해주거나 더 높은 직급으로 승진시켜준다는 것은 더 이상 효과적인 동기부여 수단이 되지 못한다. 그들은 돈이나 높은 직급보다 일 자체에 의해 동기부여 되는 경우가 더 많기 때문이다. 그렇다고 오해해서는 안 된다. 밀레니얼 세대가 돈 자체를 싫어하는 것은 아니다. 그들 중에서도 높은 연봉이나 승진을 바라는 이도 있다. 다만 기성세대보다 그 비율이 높지 않다는 뜻이다.

제니퍼 딜과 알렉 로빈슨의 조사에 따르면, 밀레니얼 세대 중에서 돈이 일에 동기를 부여한다고 대답한 비율은 1/3에 불과했다. 결국 어느 정도까지의 보상은 반드시 필요하지만, 그 수준을 넘어서 많아진다고 해서 동기가 향상되는 것은 아니라는 뜻이다. 일정 수준을 넘어서면 소위 '한계효용체감의 법칙'이 작용하는 셈이다. 반면 연봉이 너무 낮은 경우에는 동기가 감소될 수 있고, 이는 이직을 결심하게 만드는 요인으로 작용하기도 한다.

결국 밀레니얼 세대에게 연봉이란 일에 대한 관심과 조직에 남고 싶은 마음을 갖게 하는 데 중요한 요소로 작용하지만, 더 높은 성과를 내도록 동기부여 하는 데는 그다지 큰 영향을 미치지 않는다. 이런 상황을 이해하지 못한 기성세대는 밀레니얼 세대를 두고 "동기부여책이 먹히지 않는다."라고 불평을 하기도 한다. 하지만 이는 밀레니얼 세대를 움직이게 하는 동기의 근원을 잘 모르고 내린 결론에 불과하다. 밀레니얼 세대는 자신으로 하여금 업무에 몰입하게 만드는 강력한 동기를 원한다. 다만 그들이 흥미를 갖는 요인이 기성세대와 다르고 동기의 수준이 기성세대에 비해 높을 뿐이다. 밀레니얼 세대에게는 이른바 '고급 미끼'가 필요하다. 이제부터 무엇이 고급 미끼인지 알아보기로 하자.

2

동기부여란
무엇인가

- 동기부여란?

오전 6시 기상, 마을버스와 지하철을 갈아타며 한 시간 이상의 출근 전쟁. 사무실이나 공장에서 저녁까지 지속되는 재미없는 노동, 또다시 퇴근 전쟁. 늦은 저녁 식사와 의미 없는 TV 시청, 수면. 그리고 똑같은 리듬으로 반복되는 월·화·수·목·금.

우리 시대 평균적인 직장인들의 일상이다. 사람들은 왜 이렇게 재미없는 일상을 반복하는 것일까? 직장인들은 왜 자신이 원하지도 않고 흥미도 갖지 못하는 일에 매진하는 것일까? 원치 않는 일을 기꺼이 하도록 만드는 요인은 무엇일까? 물론 사람들이 일을 하는 이유는 각자 다를 것이다. 어떤 사람은 돈을 벌기 위해 일을 하고, 어떤 이는 가족을 위해 일을 하고, 또 다른 사람은 자아를 실현하기 위해 일을 한다.

이처럼 사람으로 하여금 일을 하게 만드는 수단, 사람을 움직이게 만드는 수단을 '동기부여motivation'라고 부른다. 동기부여란 사람을 활동하도록 자극하여 의도하는 목표로 향하게 하는 것을 말한다. 사람은 무엇인가를 하고자 하는 욕구欲求가 일어날 때 비로소 행동하려는 동기, 즉 동인動因이 생기는데 이렇게 욕구를 자극함으로써 행동하게 만드는 동인이 바로 동기부여 수단이 된다. 동기부여를 잘하면 여러모로 좋은 면이 많다. 부모가 자녀에게 동기부여를 잘하면 게임을 끊고 공부를 열심히 하도록 만들 수 있다. 아내가 남편에게 동기부여를 잘하면 남편이 술을 줄이고 열심히 돈을 벌어올 수도 있다. 그 역도 성립한다. 남편이 아내의 동기를 잘 북돋아주면 남편이 원하는 행동을 더 많이 하게 된다. 조직에서도 마찬가지다. 상사가 부하 직원의 동기를 잘 자극하면 아무리 힘든 일도 기꺼이 해낸다. 한마디로 동기부여는 움직이기 싫어하는 사람을 움직이게 만드는 힘이라고 말할 수 있다.

그렇다면 사람들은 무엇에 잘 끌릴까? 사람들을 움직이게 만드는 가장 강력한 동기부여 수단은 무엇일까? 가장 먼저 떠오르는 것은 아무래도 '돈'이다. 사마천이 지은 『사기』의 「화식열

전」에는 이런 이야기가 나온다. "무릇 사람들은 자기보다 열 배 부자에 대해서는 헐뜯지만, 백 배가 되면 두려워하고, 천 배가 되면 그의 일을 해주고, 만 배가 되면 그의 노예가 된다." 사마천이 보기에 돈은 가장 강력한 동기부여 수단이다. 일하게 만드는 것은 물론이고 노예가 되도록 만들 수도 있으니 말이다. 독일 철학자 니체가 "신은 죽었다."라고 선언한 이후로 그 자리를 대신한 존재가 바로 '돈'이 아닌가 싶다. 특히 자본주의 사회에서 돈은 하루가 다르게 힘을 키워왔고, 지금은 그야말로 전능한 힘을 보유하게 되었다. 많은 현대인들이 돈 앞에서 몸을 낮추고, 돈 때문에 자존심을 내려놓기도 한다. 심지어 돈이라면 죽는 시늉까지 하는 사람도 있다.

그렇다면 돈은 가장 강력한 동기부여 수단이라고 봐야 할까? 결론부터 말하면, 결코 그렇지 않다. 물론 제대로 된 보상이 동기를 높여줄 수 있다. 하지만 돈 때문에 이끌린 사람은 돈이 걸리지 않으면 움직이지 않는다. 돈에 의한 동기부여는 일시적이고 제한적이다. 돈이 걸리지 않으면 지속되지 않는다. 한편 돈이 효과적인 동기부여 수단이라 할지라도 조직의 리더에게는 별 소용이 없다. 아무리 능력 있는 리더라도 자기 마음대로 부하 직원에게 돈을 줄 수 있는 권한은 없다. 또 앞에서도 보았지만 밀레니얼 세대는 돈에 크게 반응하지 않는다. 따라서 오늘날 리더는 돈 이외에 다양한 동기부여 수단을 알고 이를 상대에 맞게 잘 사용해야 한다.

- 내재적 동기부여와 외재적 동기부여

동기부여 수단은 크게 두 가지로 구분할 수 있다. 동기가 어느 방향에서 주어지는가에 따라 내재적 동기부여와 외재적 동기부여로 구분한다.

동기부여의 두 가지 수단

내재적 동기부여는 행위자의 내면에서 동인이 발생한 것으로 주로 자기만족이나 일에 대한 보람, 성취감 등이 여기에 해당한다. 가령 별로 부유하지도 않은 사람이 어려운 사람을 돕거

6장 밀레니얼 세대를 춤추게 하라

나 기부에 열심인 경우가 있다. 그는 왜 그러한 행동을 하는 것일까? 누가 시킨 것도 아닌데 말이다. 아마도 여러 요인이 있겠지만, 분명한 것은 그 일이 자신에게 만족감을 주기 때문이다. 어떤 산악인은 힘들고 위험한 고산 등반에 계속 도전하기도 한다. 그 어렵고 위험한 도전을 왜 계속하는 것일까? 고통과 역경이 따르더라도 이루고 난 뒤 얻게 되는 보람이나 성취감이 무엇보다 크기 때문이다. 이렇게 외부의 힘에 의해서가 아니라 자신의 내면에서 솟아나는 무언가로 인해 행동하는 경우를 우리는 '내재적 동기부여'라 부른다. 직장에서도 내재적 동기부여로 움직이는 사람은 리더가 가만 내버려 두어도 스스로 알아서 열심히 일하게 된다. 그를 움직이게 하는 동인이 외부에 있는 것이 아니라 자기 내면에 이미 존재하고 있기 때문이다. 내재적 동기부여로 움직이는 부하 직원은 리더에게 고마운 존재다. 왜? 시키지 않아도 알아서 열심히 하는데 어찌 고맙지 않겠는가.

하지만 모든 사람에게 내재적 동기부여를 기대할 수는 없다. 스스로 동기를 갖지 못하는 부하 직원에게는 외부의 힘이 필요하다. 내재적 동기부여와 달리 외부의 무언가에 의해서 행위자를 움직이게 하는 요인을 '외재적 동기부여'라 한다. 주로 금전적 보상이나 특전의 부여, 리더의 인정과 격려가 여기에 해당한다. 열심히 일하면 추가로 보상을 해주겠다거나 상위 직급으로 승진시켜 주겠다는 약속을 해주면 그렇지 않았을 때보다 열심히 일하게 된다. 금전적 보상 이외에도 리더가 부하 직원을 인정해 주거나 칭찬이나 격려를 보내면 열심히 일하게 된다. "칭찬은 고래도 춤추게 한다."는 말도 있듯이 타인의 인정과 격려를 받으면 행위자는 더욱 신이 나서 일한다.

여러 가지 동기부여 수단 중에서 리더가 사용하기 좋은 또는 효과적인 동기부여 수단은 무엇일까? 우선 외재적 동기부여 수단인 '보상/특전'과 '인정/격려'는 효과나 활용 면에서 큰 차이가 있다. 보상이나 특전은 대체로 효과가 즉각적인 반면 리더가 마음대로 활용하는 데 한계가 있다. 대부분의 조직에서는 리더에게 보상/특전을 마음대로 사용할 수 있는 권한을 주지 않기 때문이다. 대체로 이런 권한은 제한적으로만 주어진다. 해서 그것만으로 리더십을 발휘하는 데 한계가 있다. 따라서 뛰어난 리더는 보상/특전보다는 인정/격려라는 수단을 더 많이 활용한다. 리더의 인정과 격려는 전자의 수단보다 효과는 낮을 수 있지만 활용에 한계나 제한이 없어서 무한정 사용할 수 있기 때문이다.

3

밀레니얼 세대에게 적합한 동기부여 방법

- 밀레니얼 세대를 위한 동기부여의 원칙

밀레니얼 세대를 효과적으로 동기부여 할 수 있는 방법은 무엇일까? 밀레니얼 세대는 획일화된 인생목표를 가진 기성세대와는 달리 개개인의 기준에 따른 행복과 인생목표를 추구하기 때문에 효과적인 동기부여 수단도 개인마다 다르다고 볼 수 있다. 하지만 그럼에도 공통으로 적용되는 원칙은 존재한다. 밀레니얼 세대를 효과적으로 동기를 부여하기 위해 리더가 알아두어야 할 원칙은 대략 다음의 3가지가 있다.

(1) 구성원의 개인차를 인정하라.

밀레니얼 세대를 동기부여 할 때 리더가 생각해야 할 포인트는 가치관의 변화이다. 경영 환경이나 노동시장의 변화로 사람들의 가치관도 달라지고 있지만, 특히 밀레니얼 세대의 가치관은 기성세대와는 다른 방향으로 변하고 있다. 기성세대는 조직 생활에서 우선시하는 것이 대개 엇비슷했다. 베이비부머나 X세대 직장인들은 회사생활을 통해 경제적 안정, 내 집 마련, 노후대책 등 물질적 행복을 추구하려는 경향이 강했고, 대부분 사람들의 목표가 비슷했다. 하지만 밀레니얼 세대는 물질적 행복보다는 마음의 여유와 일상적 행복을 추구하는 경향이 강해졌다. 또 밀레니얼 세대 간에도 공통분모는 적고 차이는 증가했다. 어떤 이는 여전히 경제적 안정을 추구하는 반면, 자아실현에 무게중심을 두는 사람도 있고, 돈과 무관하게 의미 있는 일에 매진하고자 하는 이도 생겼다. 개인마다 서로 다른 목표, 서로 다른 행복을 추구하는 경향으로 인해 밀레니얼 세대에게는 천편일률적인 동기부여 방법이 더 이상 효과적이지 않게 되었다. 따라서 구성원의 개인차를 인정하는 것이 무엇보다 중요해졌다. 이제 리더는 구성원 개개인이 원하는 바를 잘 파악하여 각자에게 맞는 방식을 제시하기 위해 노력해야 한다.

(2) 상위 욕구를 충족시킬 수 있도록 노력하라.

밀레니얼 세대는 경제적 이슈보다는 내적으로 동기부여

되는 정도가 강하다. 밀레니얼 세대가 일의 가치와 의미를 중요

하게 생각하는 경향도 바로 그런 이유 때문이다. 앞에서도 이야

기했듯이 매슬로우는 인간의 욕구를 5단계로 구분했다. 가장 낮

은 수준의 욕구인 1단계가 생리적 욕구Physiological Needs, 2단계가

안전의 욕구Safety Needs, 3단계가 소속과 사랑의 욕구Belonging and Love

Needs, 4단계가 존중의 욕구Esteem Needs 그리고 가장 높은 단계인 5

단계가 자아실현의 욕구Self-actualization Needs이다.

매슬로우의 욕구 5단계

기성세대는 직장 생활을 통해 경제적, 사회적 안정과 소속

감 등의 욕구를 충족하는 데 만족했는데 이는 매슬로우의 단계

중 1~3단계의 낮은 수준에 해당하는 것이다. 반면 일의 가치와

의미를 중요하게 생각하고, 꿈과 성장을 추구하는 밀레니얼 세대는 5단계인 자아실현의 욕구를 지향하고 있어서 상대적으로 수준이 높다고 할 수 있다. 따라서 자아실현의 욕구를 가진 밀레니얼 세대에게 연봉이나 진급이라는 낮은 수준의 동기부여가 효과를 발휘하지 못하는 것이다. 훌륭한 리더일수록 보다 높은 차원의 욕구를 자극한다. 리더는 구성원이 진정으로 바라는 바를 잘 파악하여 어떻게 하면 보다 높은 수준의 욕구를 자극하고 이를 충족시킬 것인가를 고민해야 한다.

(3) 개개인에게 자율성을 부여하라.

밀레니얼 세대도 조직에 기여하고 싶은 강한 욕구를 가지고 있다. 그들은 조직에 고용되어 있기 때문에 일을 해야 한다고 생각하지 않는다. 월급을 받은 만큼만 일을 하는 것이 아니라 가능하다면 자신에게 주어진 역할을 넘어서서 최대한 조직에 기여하고 싶다는 마음을 가지고 있다. 또 그들은 일에 대한 통제력을 가지고 싶어 한다. 사람은 누구나 자신이 할 일을 결정하고 미래의 기회를 선택하는 과정에 참여하고 싶어 하지만, 개성이 강한 밀레니얼 세대는 특히 이러한 경향이 강하다. 그래서 밀레니얼 세대는 '나는 아직 직급이 낮으니까, 경험이 많지 않으니까 일단 입을 다물고 있어야지.'라고 생각하지 않는다. 그들은 조직에 기여할 수 있는 건설적인 아이디어가 떠오르면 자신의 목소리로 표현하고 싶어 한다. 이때 상사가 그들의 의견이나 아이디어를 적극 수용하여 권한을 제공해주면 다른 보상이 없더라도 열정적으로 업무에 임한다. 즉 밀레니얼 세대는 자신에게 자율성이 있다고 믿을 때, 열과 성을 다한다. 만약 자신에게 자율성이 주어지지 않으면 수동적인 자세로 전환하고 만다. 따라서 리더는 부하 직원에게 어떻게 하면 자율성을 부여하고 스스로 통제하게 할 것인가를 고민해야 한다.

- 밀레니얼 세대를 위한 동기부여 방법론

밀레니얼 세대를 둔 리더는 조직 생활에서 구체적으로 어떻게 동기부여를 해야 할까? '업무관리'와 '관계관리' 측면으로 구분하여 살펴보기로 하자.

(1) 업무관리 측면에서 동기부여 방법

밀레니얼 세대와 업무를 진행하면서 가장 중요하게 생각해야 할 점은 '자율성'이다. 업무 진행 과정에 부하 직원을 참여시키고 그들의 아이디어를 수용하여 스스로 선택했다는 느낌이 들도록 해야 한다. 업무 시작 전 업무 할당 및 진행 방법의 결정

과정에서부터 그들을 참여시키고 그들의 아이디어를 구하는 것이 좋다. 설령 그들에게 특별한 아이디어가 없더라도 상관없다. 업무의 시작부터 리더가 의견을 구한다면 그것만으로도 부하 직원은 스스로 프로젝트 참여를 선택했다고 느끼며 리더에게 인정받고 대접받았다고 생각하게 된다. 목표 설정 과정에서도 부하 직원이 스스로 목표 수준과 평가 기준 등을 설정하도록 하는 것이 좋다. 리더가 제시한 목표를 부하 직원이 수용하게 되면 타율적인 입장에 놓이지만, 자신이 먼저 목표를 정하고 리더와 협의하여 최종 합의에 이른다면 자율적인 목표가 되어서 몰입도가 높아진다. 업무 결과에 대해서도 객관적인 피드백을 잊지 말아야한다. 밀레니얼 세대는 개인의 성장에 관심이 많다. 따라서 결과에 대해 객관적인 시각에서 피드백을 해주는 상사를 오히려 고마워한다. 이때 리더는 결과의 잘잘못이나 책임소재를 따지기보다부하 직원의 성장을 지원하는 관점에서 접근해야 한다. 밀레니얼 세대는 자신의 성장에 도움이 되는 피드백이라면 아무리 쓴 소리라도 기꺼이 받아들일 자세가 되어있다.

　　한편 밀레니얼 세대는 자신이 하는 일의 의미와 가치를 알고 싶어 한다. PwC의 밥 모리츠 회장은 『하버드 비즈니스 리뷰』와의 인터뷰(2014년)에서 "기성세대는 젊었을 때 자신들이 하는 일이 무엇인지는 알았지만, 왜 그 일을 해야 하는지에 대해서 묻지 않았다."라고 회상했다. 기성세대는 자신이나 회사가 수행해야 할 역할에 대해 깊이 생각한 적이 없었다는 것이다. 하지만 밀레니얼 세대는 다르다. 그들은 일의 의미와 가치를 무엇보다 중요하게 생각하며 확신이 없을 때는 몰입하지 못한다. 밥 모리츠 회장의 표현을 빌리면, "밀레니얼 세대는 그들이 추구하는 가치가 조직의 목표와 일치하지 않을 때 언제든지 떠난다." 즉 일의 의미와 회사가 추구하는 가치를 알기 위해서는 회사의 비전과 목표, 팀과 개인의 역할에 대한 진지한 성찰과 검토가 선행되어야 한다. 리더는 밀레니얼 세대들이 일의 의미를 명확하게 인지할 수 있도록 도와줄 필요가 있다. 또한 왜 그 일을 해야 하는지, 그 일이 어떤 가치를 지니는지, 나아가 기대하는 성과는 무엇인지를 명확하게 제시할 필요가 있다.

(2) 관계관리 측면에서 동기부여 방법

밀레니얼 세대를 둔 리더를 인정과 칭찬, 격려를 아끼지 않아야 한다. 그들도 인정 욕구가 강하기 때문이다. 사실 인정 욕구는 인간의 본성에 가깝다. 전한시대 유향이 편찬한 『전국책 戰國策』에는 "무사는 자기를 알아주는 사람을 위해 죽는다."라는 말이 있다. 자기를 인정해주는 사람을 위해 죽음도 불사할 수 있다는 것이다. 독일의 사회철학자 악셀 호네트는 인간관계에 있어 타인의 '인정'이 개개인의 정체성 확립이나 관계에 중요한 영향을 미친다고 주장했다. 인정의 반대개념은 무시다. 호네트는 "인간은 다른 사람과의 관계에서 인정이나 무시의 체험을 통해 자신의 정체성을 확인한다."라고 했다. 가령 자녀가 아버지에게 "나는 이다음에 커서 훌륭한 과학자가 될래요."라고 말했는데, 아버지가 자녀에게 "과학자가 되려면 수학을 잘해야 되는데, 넌 수학을 못하잖아. 이 상태로는 과학자가 되기 힘들 텐데."라고 무시하면 자녀가 자기 자신에 대한 긍정적인 정체성을 갖기가 힘들어진다. 아버지에게 무시당한 아들이 "그래, 두고 보라!" 하면서 수학공부에 매진하게 될까? 그렇지 않다. 대부분 이런 상황이라면 수학을 거들떠보지도 않을 가능성이 높다. 아버지에게 무시당한 경험 때문에 자녀는 자신의 정체성을 긍정하지 못하기 때문이다.

인정과 무시의 경험은 상호 관계에도 영향을 미친다. 아버지에게 무시당한 자녀는 아버지와 좋은 관계를 유지할 수 있을까? 아마 그럴 수 없을 것이다. 인간의 본성상 자신을 무시한 상대를 마냥 긍정할 수는 없다. 이처럼 인정과 무시의 감정은 일방적이지 않다. 쌍방향으로 작용한다. 사람은 누군가에게 인정받

앉을 때 자신을 인정해준 그 상대방을 긍정하게 된다. 반대로 무시당했다는 느낌이 들면 기분이 나빠지고 자신을 무시한 상대를 증오하게 된다. 그 결과 자신을 무시하는 사람과의 관계를 정리하거나 심한 경우에는 아예 관계를 끊어버리기도 한다. 조직에서 상사와 부하의 관계도 이와 마찬가지다. 리더가 부하를 인정하면 관계가 좋아지고 부하는 자신의 정체성을 긍정적으로 해석하여 매사에 열심히 임하게 된다. 반면 상사가 부하 직원을 무시하면 부하의 정체성에도 악영향을 미치고 서로의 관계도 악화된다.

밀레니얼 세대는 인정 욕구도 크지만, 한편으로는 상사로부터 지속적인 멘토링과 지원을 기대한다. 그들이 멘토링과 지원을 원한다는 것은 그들이 의존적이라는 의미는 아니다. 사실 밀레니얼 세대는 매우 전략적으로 행동한다. 그들은 성공을 위해 필요한 것이 무엇인지를 생각하고, 그에 대한 답을 상사에게서 얻고자 한다. 따라서 자신의 커리어에 도움을 주는 상사나 멘토와는 좋은 관계를 유지하고자 한다. 자신의 커리어에 도움이 된다는 확신이 들면, 그들은 기꺼이 어려운 업무에도 팔 걷고 나선다.

리더는 밀레니얼 세대에게 멘토링을 하거나 피드백을 할 때 '지도와 성장'의 관점에서 진행해야 한다. 피드백이란 부하의 행동을 긍정적인 방향으로 개선시킴으로써 커리어에 긍정적인 영향을 줄 목적으로 수행하는 지도 행위다. 하지만 피드백을 하는 상황은 대체로 부하의 행동이 잘못되었거나 개선이 필요한 때다. 해서 자칫 좋은 의도를 가지고 피드백을 했더라도 부하 직원은 질책을 하거나 꾸짖는다고 느낄 수도 있다. 그렇게 되면 당초 피드백의 목적을 달성하기 어려워진다. 따라서 리더는 피드백을 할 때 부하가 잘 수용할 수 있도록 세심한 주의를 기울여야 한다. 피드백에 앞서 긍정적인 분위기를 조성하고, 사실에 근거해서 문제점을 제시함으로써 개선의 필요성을 인정하게 만드는 등 피드백이 필요한 이유를 충분히 설명하고 피드백을 진행해야 한다. 또 피드백 내용이 전체 프로젝트의 결과에 어떤 영향을 미치는지 설명하고, 부하 직원의 커리어에도 어떤 긍정적인 영향이 있는지를 설명하는 것이 좋다. 중요한 점은 피드백을 진행하는 디테일이 아니다. 리더가 얼마나 진정성 있게 접근하는가, 부하 직원의 성장에 얼마나 관심을 가지고 있는지가 중요한 포인트이다. 자신의 성공과 커리어를 중요하게 생각하는 밀레니얼 세대는 진정성 있는 피드백을 통해 성장하기를 바란다. 그렇기 때문에 그러한 피드백을 해주는 리더를 기꺼이 따르고, 그의 말에 귀를 기울인다.

효과적인 동기부여 방법

업무관리 측면	관계관리 측면
1. 업무 할당 및 방법의 결정과정에 구성원을 참여시키고, 그들로부터 아이디어를 구할 것 2. 스스로 목표를 설정하고 합의하도록 유도할 것 3. 업무결과에 대한 객관적인 피드백을 제공할 것 4. 업무의 의미와 가치를 제시할 것	1. 평소에 인정과 칭찬, 격려를 아끼지 말 것 2. 지속적인 멘토링과 피드백을 제시할 것 3. 부하직원의 지도와 성장에 관심을 가질 것

밀레니얼
세대와
마음을 열고
소통하라

카톡으로 청첩장을 보내다니!

X 팀장은 최근 들어 황당한 경험을 했다. 며칠 전 카톡으로 청첩장이 하나 날아왔다. 총무팀 최 과장이 보내온 것이다. 게다가 개별적으로 보낸 것이 아니라 단체로 청첩장만 달랑 보낸 것이다. 최 과장과는 자주 교류하거나 깊은 친분이 있는 사이도 아니었다. 얼굴 정도는 알고 있었지만, 서로 경조사에 초대할 정도는 아니었다. 그는 단지 결혼한다는 사실을 알릴 목적으로 단체 채팅을 보냈는지 모르겠지만, 연락을 받은 X 팀장은 결혼식에 가기도 애매하고 그렇다고 모른 척하기에도 찜찜함이 남았다. X 팀장은 최 과장이 어떤 생각을 가지고 청첩장을 보냈는지 궁금하여 M 대리와 이 일에 대해 의견을 나누었다.

X 팀장 : 평소 최 과장과 친분이 있는 것도 아닌데, 단체 채팅으로 청첩장만 달랑 보내는 것은 상당히 예의에 어긋나는 행동이라고 생각하네.

소식을 전하고 싶었다면 청첩장을 들고 직접 찾아오는 것이 예의가 아

닌가. 모바일로 보낼 수밖에 없는 상황이라면 사전에 전화로 양해라도

구해야 하는 것이 맞다고 생각하는데 이런 식으로 무작정 보내고 오든

지 말든지 알아서 하라는 식의 태도는 도저히 이해할 수가 없네. 자네는

이해가 되는가?

M 대리 : 제가 보기에는 별로 문제가 될 것 없다고 생각합니다. 요즘같

이 모바일로 연락하는 것이 일상화된 상황에서 굳이 청첩장이라고 실물

로 전달해야 한다고 생각하는 것은 구시대적 발상 아닐까요? 그리고 모

바일 청첩장은 바쁜 직장인에게는 일상적인 방법입니다. 대부분 주소도

모르는데, 일일이 주소를 알려 달라고 해서 청첩장을 보내는 것은 번거

로울 뿐 아니라 비효율적이거든요. 팀장님이 회의 공지를 카톡으로 알려

주는 것과 무슨 차이가 있는지 모르겠습니다. 또 최 과장이 청첩장을 보

내온 것은 결혼 소식을 알려주기 위한 목적일 뿐, 반드시 결혼식에 참석

해야 한다고 강요하는 것은 아닙니다. 갈지 말지는 받은 사람이 알아서

판단하면 될 일이죠.

M 대리의 말을 듣고 보니 그의 주장에도 일리가 없지는 않

았다. 어차피 대면이건 전화건 SNS건 모두가 소통 수단의 하나인 것도 맞는 말이다. 또 최 과장은 단지 자신의 결혼 소식을 직장 동료에게 알려주었을 뿐인지도 모른다. 참석을 강요한 것은 아닐 수도 있다. 하지만 카톡으로 청첩장을 받은 X 팀장은 결혼 소식을 전달받고도 모르는 체하는 것은 예의가 아니지 않나 하는 부담감이 드는 것은 사실이다. 이 일을 통해 X 팀장은 밀레니얼 세대의 소통 방식이나 절차가 자신과는 사뭇 다르다는 사실을 깨달으면서 동시에 이들과 열린 소통을 하기 위해서는 어떻게 해야 할지를 고민하게 되었다.

1

밀레니얼 세대는
인간적인 교류를
싫어한다?

- 밀레니얼 세대는 아침에 뭘 먹을까?
- 밀레니얼 세대가 무인도에서 일주일간 홀로 살아야 한다. 이때 단 한 가지 물건을 가지고 갈 수 있다면 무엇을 들고 갈까?
- 밀레니얼 세대가 100명이 있다. 전구 하나를 가는 데 이들 중 몇 명이 필요할까?

첫 번째 질문의 정답은 '페이스북 댓글'이다. 밀레니얼 세대는 아침 식사보다 SNS에서 친구들의 댓글과 '좋아요'를 더 필요로 한다. 두 번째 질문의 정답은 '스마트폰'이다. 무인도에 가서도 식량보다는 스마트폰이 우선이다. 밀레니얼 세대는 밥은

먹지 않아도 일주일을 견딜 수 있지만, 스마트폰이 없으면 하루도 견디지 못한다. 세 번째 질문의 정답은 '100명'이다. 100명 모두가 전구 가는 방법을 검색해야 하기 때문이다. 밀레니얼 세대는 아주 사소한 문제나 행위조차 먼저 인터넷에서 정보를 검색해야 실행에 옮길 수 있다.

넌센스 퀴즈 같지만 첨단기술이나 정보기기의 활용에 능숙한 밀레니얼 세대의 특성을 잘 보여주는 사례다. 밀레니얼 세대는 첨단기술과 정보기기의 활용에 익숙하며 심지어 사랑하기까지 한다. 그들은 왜 첨단기술을 좋아하고 사랑하는 것일까? 첨단기술을 활용하는 것이 편하기 때문이다. 그들은 첨단기술과 함께 성장했고, 기성세대보다 더 빠른 시간에 첨단기술 활용법을 익혔다. 그들은 아침에 눈을 뜨자마자 스마트폰을 집어 들고, 저녁에 잠들기 직전까지 스마트폰을 확인한다. 식사 중에도 스마트폰을 보고, 길을 걸어갈 때도 시선은 스마트폰을 향해 있다. 심지어 화장실에 갈 때도 스마트폰을 들고 간다. TV를 보면서도 스마트폰을 함께 본다. 스마트폰에 대한 밀레니얼 세대의 집착과 애정을 보면서 기성세대는 지나치다고 생각한다. 기성세대의 눈에는 그들이 대부분 스마트폰에 중독되어서 정상적인 생활을 하지 못하는 것으로 보이기 때문이다.

밀레니얼 세대는 첨단기술을 통해 친구를 사귀고 유지하며, 온라인상의 소통을 즐긴다. 실제로는 한 번도 대면하지 못한 온라인상의 친구가 존재하기도 하고, 온라인상의 접촉을 통해 친구 간의 친밀도를 확인하기도 한다. 현실에서의 만남보다는 인터넷과 소셜 네트워크를 통해 소통하고 교류하는 빈도가 높다. 현실 세계보다는 사이버 세계에서 관계 맺기를 선호하는 밀레니얼 세대를 보고 기성세대는 우려의 시선을 보낸다. 기성세대는 밀레니얼 세대가 온라인상의 관계에만 집착해 그 방법으로만 모든 인간관계를 맺으려 한다고 생각한다. 하지만 이러한 생각은 진실이 아니다. 밀레니얼 세대는 얼굴을 마주보고 하는 직접적인 교류를 줄이고 되도록 인터넷이나 소셜 네트워크를 통한 소통으로 전환하려 한다고 보는 것은 옳지 않다. 그들은 온라인상의 상호작용을 즐기기도 하지만 문자와 이메일, 메신저도 사용하고, 직접 얼굴을 마주보고 대화하는 것도 즐긴다. 한마디로 과거보다 소통의 수단이 다양해진 것이다. 그들도 필요한 경우 직접적인 교류를 하는 데 주저함이 없다.

밀레니얼 세대가 첨단기술을 즐기는 이유는 첨단기술이 힘들고 단조로운 일을 줄여주고 시간을 벌어준다고 생각하기 때문이다. 그들이 온라인상에서의 소통을 많이 하는 것에도 이유가 있다. 정보기술이 발달하고 글로벌화가 진행되면서 밀레니얼 세대는 가까운 사람들이 외국에서 생활하는 경우도 많아졌다. 친구들이 외국에서 학교나 직장을 다니기도 하고, 해외에 사는 지인들과의 교류도 늘어났다. 지리적으로 멀리 떨어진 지인들과 계속 가깝게 지내기 위해서는 온라인을 활용할 수밖에 없다. 이처럼 전 세계에 흩어져 있는 다양한 지인들과의 네트워크를 유지하기 위해서는 첨단기술과 온라인을 활용하는 것은 현명하면서도 불가피한 선택이다. 밀레니얼 세대는 관계에 대한 욕구가 크다. 다만 관계의 욕구를 충족시키는 수단으로 온라인과 오프라인을 구분하지 않을 뿐이다.

밀레니얼 세대도 전자매체를 통한 소통이 불충분한 정보를 줄 수 있다는 사실을 인식하고 있다. 또한 중요한 이야기를 해야 하는 상황에서는 직접 만나서 소통할 필요가 있다고 생각한다. 관계에 대한 욕구가 큰 만큼 밀레니얼 세대에게 동료 집단은 매우 중요하다. 그들은 일터에서 친구, 동료, 상사와 정서적 연대감을 갖기를 바란다. 만약 동료들과 정서적으로 연결되어 있지 않다고 느낄 경우에는 고립감을 느끼게 되고, 이는 퇴사하고 싶은 마음으로 이어진다. 요컨대 첨단기술과 온라인 소통을 즐기는 밀레니얼 세대도 일터에서 마음을 나눌 수 있는 친구를 필요로 한다.

2

밀레니얼 세대는
어떻게
소통할까?

- 소통이란 무엇인가?

대한민국 조직에서 상사와 부하의 소통이 원활하게 이루어지는 때는 언제일까? 이 질문에 많은 상사들은 '회식'이라고 답한다. 때문에 평소 부하 직원과 소통이 잘 안된다고 느끼는 상사는 이를 만회할 목적으로 회식을 소집하기도 한다.

팀장 : 박 차장, 오늘 회식에는 한 명도 빠짐없이 참석하지?

직원 : (떨떠름한 표정으로) 예.

팀장 : 그래, 오늘 회식은 어디서 할지 의견을 물어 봐.

(잠시 후)

팀장 : 그래, 어디로 가기로 했나?

직원 : 젊은 친구들이 모처럼 패밀리 레스토랑을 가면 좋겠다는 의견이
있었습니다.

팀장 : 패밀리 레스토랑? 누가 그런 곳에서 회식을 하나! 패밀리 레스토
랑은 가족들끼리 가는 곳이잖아. 회식은 1차는 '쏘삼(소주에 삼겹살), 2
차는 '치맥(치킨에 맥주)', 3차는 노래방이지.

직원 : (속으로) 그럴 거면 처음부터 물어보지나 말든가….

회식을 하면 평소에 안 되던 소통이 원활해질까? 상사의
기대와 달리, 여기에 대한 부하 직원들의 대답은 'No'다. 회식 자
리에서 상사가 아무리 "우리가 남이가!"를 외치며 한 가족임을
강조해도 부하 직원들은 절대 상사와 가족이 되기를 원하지 않
는다. 가급적 빨리 이 자리가 끝나기를 기도할 뿐이다. '소통의
장'을 기대하고 시작한 회식은 언제나 그랬듯이 '불통의 장'으로
끝나기 일쑤다.

상사들은 대체로 자신이 맡은 부서가 '가족 같은 회사'가
되기를 원한다. 직장 동료 사이가 가족과 같이 끈끈하고 애정이
넘치며 혈연처럼 똘똘 뭉쳐서 팀워크가 발휘되기를 원한다. 하
지만 부하 직원들은 직장 동료가 가족처럼 되는 것을 결코 바라
지 않는다. 사실 여기서 말하는 가족의 의미는 약간 미묘하다.

상사가 말하는 가족이란, 자신이 가족의 중심이 되어 돌아가는 시스템을 의미한다. 즉 자기는 왕이고 나머지 직원들은 왕에게 충성하는 신하처럼 움직여 주기를 기대한다. 하지만 이러한 가족의 모습은 부하 직원에게는 끔찍한 일이다. 해서 부하 직원들은 상사가 술자리에서 외쳐대는 "우리가 남이가!, 우리는 가족이다."라는 구호를 따라하는 시늉은 하지만 실제로는 절대 그렇게 되기를 원하지 않는다. 겉으로는 화기애애하지만, 속으로는 화기 '애매'하다.

조직 생활에서 상사와 부하의 소통은 매우 중요하다. 소통의 수준이 곧 관계의 수준이라고 보아도 무방하다. 소통은 막힌 것을 터버린다는 '소疏'와 연결한다는 뜻의 '통通'이 결합된 말이다. 한마디로 소통이란 '막힌 것을 터서 서로 연결하는 것'을 말한다. 이처럼 서로 연결되기 위해서는 먼저 막힌 것을 터야 한다. '소'가 '통'의 전제조건인 셈이다. 상대방과 무언가 막힌 것이 있는 상태에서는 무작정 '통'하려고 시도하면 제대로 연결되지 않는다. 상사와 부하 사이에 막힌 것이 있는데, 이를 방치한 채로 아무리 술을 마시고 회식을 하고 구호를 외치며 난리법석을 피워도 서로 연결되지 않는다는 뜻이다. 부하 직원은 막힌 것이 있는 상태에서는 자신의 속내를 털어놓거나 진심을 드러내지 않는다. 상사가 퇴근하려는 부하 직원을 불러 세워서 야근 지시를 내린다. 그리고 본인도 미안한 마음이 들었는지 이렇게 말한다. "이게 다 자네가 잘 되라고 하는 거야." 부하 직원은 상사의 이 말을 곧이곧대로 받아들일까? 절대 그렇지 않다. 겉으로는 "예, 알겠습니다."라고 대답하더라도 속으로는 '웃기고 있네.'라며 콧방귀를 뀔 것이다.

소통을 영어로 표현하면, 커뮤니케이션communication이다. 커뮤니케이션이란 '어떤 사실을 타인에게 알리는 심리적인 전달'을 말한다. 여기서 중요한 것은 '사실을 알리는' 것이 아니다. 핵심은 '심리적인 전달'에 있다. 사실이나 정보가 전달되었는지가 중요한 것이 아니라 화자의 마음이 상대방에게 전해졌는지가 훨씬 중요하다는 뜻이다. 야근을 지시한 상사가 건넨 "이게 다 자네가 잘 되라고 하는 거야."라는 말 속에 얼마나 진심이 느껴지는가가 관건이다. 핵심은 정보가 아니라 '진심'이다. 이런 관점으로 보면, 소통의 정의를 다음과 같이 바꿀 수도 있겠다. "소통이란 (정보의 전달이 아니라) 진심을 주고받는 것이다." 결국 진정한 소통은 서로의 마음, 진심을 주고받는 행위다.

- 소통이 어려운 이유

세대 다양성이 증가한 오늘날 조직에서 리더는 부하 직원과의 소통에서 어려움을 토로하는 경우가 많다. X 세대인 리더는 밀레니얼 세대인 부하 직원과 소통을 할 때 공감대 형성이 어렵고, 상대가 마음을 열지 않는다고 말한다. 리더는 왜 부하 직원과의 소통에 어려움을 느끼는 것일까? 소통이라는 단어를 국어사전에서 찾아보면 "막히지 아니하고 뜻이 서로 통하여 오해가 없는 상태"라고 나와 있다. 이 정의를 잘 해석하면 소통이 왜 어려운지를 유추할 수 있다.

첫째, 소통을 가로막는 장벽이 있기 때문이다. 소통이란 정의에서 나타나 있듯이 '막히지 아니한' 상태이다. 즉 소통이 어렵다면 서로 간에 '소통을 가로막는 장벽'이 존재하기 때문이다. 소통을 가로막는 장벽은 크게 두 가지로 구분할 수 있다. 말하는 사람(송신자)의 장벽과 듣는 사람(수신자)의 장벽이 그것이다.

먼저 송신자가 스스로 장벽을 쳐 놓고 수신자에게 자기의 진심을 털어놓지 않는 경우다. 가령 남성들은 마음에 드는 여성이 있어도 앞에서 대놓고 "사랑한다. 좋아한다. 사귀자."라는 말을 하지 못하는 경우가 있다. 이는 그런 표현을 직접 시도하는 것이 부끄럽거나 '내가 감히 그런 말을 해도 될까.' 하는 자격지심이나 고백해도 거절당하리라 생각하는 고정관념 등의 원인 때문이다. 그러니 상대방이 자기의 진심을 몰라줄 수밖에 없다. 말하자면 화자(송신자)의 본심이 가려진 상태에서 왜곡된 형태로 상대방에게 전달되기 때문에 청자(수신자)가 그의 진심을 몰라주는 것이다. 조직에서도 밀레니얼 세대가 선배 세대인 상사에게 자신의 진심을 드러내지 않는 경우가 있다. 평소 부하 직원의 눈에 '꼰대'라고 낙인찍힌 상사에게는 처음부터 섣불리 자신의 속내를 밝히지 않는 경우가 많다. 그런 이야기를 해 봐야 상대방이 이해하지도 못하고 들어줄 리도 만무하다고 단정 짓기 때문이다.

수신자가 장벽을 치고 듣는 경우도 있다. 상대방에 대한 선입견이나 피해의식, 학습효과 등으로 인해 상대방의 말을 곧이곧대로 듣지 않는 경우다. 청자가 처음부터 수많은 심리적 필터를 가지고 있어서 상대방의 진심을 잘못 이해하는 경우다. 상사의 조언에 대해 '또 야근을 시키려고 작전을 쓰고 있네.'라며 상사에 대해 선입견을 갖거나 과거 경험에 대한 피해의식, 주변 동료들의 사례를 보고 터득한 학습효과 등으로 인해 상사의 말이라면 무조건 걸러 듣는 경우를 말한다. 이는 말하는 사람의 의도와는 무관하게 처음부터 상대의 진심을 믿지 않는 경향을 말하는데, 이렇게 되면 소통 자체가 어려워진다.

소통을 가로막는 장벽

송신자(sender)의 장벽	수신자(receiver)의 장벽
1. 표현의 부끄러움 2. 자격지심 3. 상대방 반응에 대한 고정관념	1. 상대방에 대한 선입견 2. 피해의식 3. 학습효과
⬇	⬇
본심이 가려진 왜곡된 형태로 상대방에게 전달됨	**수많은 심리적 필터로 인해 상대방 마음을 잘못 이해함**

둘째, 언어의 이중성이 소통을 어렵게 만든다. 소통의 정의에서 '뜻이 서로 통하여 오해가 없는 상태'라는 부분을 보면 소통이 어려운 두 번째 이유를 유추할 수 있다. 뜻이 서로 통하지 않기 때문이다. 흔히 소통을 할 때 상대방이 "말귀를 알아먹지 못한다. 말귀가 어둡다."라며 답답해하는 경우가 있는데, 이는 말 자체를 이해하지 못하는 것이 아니라 말 속에 들어있는 숨은 뜻을 이해하지 못하기 때문이다. 사람들은 왜 말귀를 알아듣지 못할까? 그것은 언어가 가진 고유한 특성 때문이다. 언어란 개인의 생각이나 느낌 따위를 전달하는 음성이나 문자의 사회적 관습 체계를 말한다. 그래서 사람들은 언어 체계가 항상 고정되어 있고 모든 상황에서 동일하게 적용된다고 믿는 경우가 있는데, 이는 잘못된 판단이다. 언어의 체계는 고정되어 있지 않다. 이를 두

고 '언어의 이중성'이라고 부른다. 언어에는 두 가지의 기능이 동시에 작용한다는 뜻이다. 모든 언어에는 겉으로 드러나는 '표시적 기능denotation'과 그 말이 내포하고 있는 의미인 '암시적 기능connotation'이 동시에 존재한다.

예를 들어 "사랑해"라는 언어 표현은 남녀 간에 성애를 표현하는 문구로 이해된다. 하지만 현실에서는 반드시 그렇게만 사용되는 것은 아니다. 가령 어떤 기업의 고객만족센터(콜센터)에 전화를 걸면, 상대방은 "사랑합니다, 고객님."이라는 말로 대화를 시작한다. 이때 "사랑합니다"는 성애를 전제로 한 표현이 아니다. 만약 누군가가 이 말을 듣고 '나와 사랑을 나누고 싶어 하는구나.' 라고 해석한다면 난처한 상황이 발생할 수 있다. 콜센터 직원이 고객(주로 불만 고객인 경우가 많다)에게 "사랑합니다."라고 하는 말의 숨은 속뜻은 '불만이 있어도 사랑스럽게 말씀해주세요.'라는 의미다. 이처럼 말에는 겉으로 드러난 표시적 기능과 속에 내포하고 있는 암시적 기능이 동시에 존재한다. 소통을 할 때 이 둘을 동시에 고려하지 않으면 제대로 된 대화를 나눌 수가 없다.

소통에서 뜻이 서로 통하기 위해서는 둘 중 어느 쪽이 중요할까? 암시적 기능이 더 중요하다. 일반적으로 언어의 표시적 기능은 어느 정도의 상식을 가진 사람이라면 누구나 쉽게 이해할 수 있다. 하지만 암시적 기능을 이해하는 것은 개인의 지식수준과는 무관하다. 언어가 내포하고 있는 함축적 의미는 상황마다 다를 수 있기 때문이다. 예를 들어보자.

간혹 욕쟁이 할머니가 운영하는 식당을 처음 간 사람은 당혹감을 느낄 때가 있다. 할머니에게 물을 갖다 달라고 요청을 하면, 물은커녕 호된 욕설만 되돌아오는 경우도 있다. "이놈아! 니가 가져다 처먹어! 젊은 놈이 손이 없어, 발이 없어!" 하면서 말이다. 그런데 신기하게도 단골손님들은 할머니의 욕을 듣고도 불쾌해하기는커녕 껄껄거리며 웃고 만다. 왜 그럴까? 단골들은 할머니의 호통이 욕설이 아님을 알기 때문이다. 욕설처럼 들리는 말이 내포하고 있는 암시적 의미를 알기 때문에 오히려 그 말을 정감의 표현으로 해석하는 것이다. 하지만 그곳에 처음 간 사람은 당혹감을 넘어 불쾌감마저 들 수도 있다. 할머니의 욕설을 형편없는 서비스로 해석하기 때문이다. 이처럼 동일한 언어 표현에 대해서도 그 말의 '암시적 의미'에 대한 해석이 다를 수 있다.

언어의 암시적 의미를 제대로 이해하기 위해서는 어떻게 해야 할까? 영미 철학자인 비트겐슈타인은 『철학적 탐구』에서 다음과 같이 말했다. "어떤 한 낱말이 어떻게 기능하느냐는 추측

7장 밀레니얼 세대와 마음을 열고 소통하라

될 수 있는 것이 아니다. 우리는 그 낱말의 적용^{Use}을 주시하고, 그로부터 배워야 한다." 그는 언어의 해석에 있어서 중요한 것은 낱말의 기능이 아니라, 그 낱말의 적용이라고 주장했다. 낱말에는 고유하게 정해진 본래 의미는 존재하지 않는다. 그 말이 어디서 어떻게 사용되는가에 따라 의미가 다 달라지기 때문이다. 욕설이 상대방의 인격을 무시하는 말이 될 수도 있지만, 욕쟁이 할머니 식당의 경우처럼 정감의 다른 표현일 수도 있다. 욕쟁이 할머니 식당에서 단골들이 할머니의 욕설을 정감의 표현으로 해석하는 것도 그곳에서는 욕설이 그러한 용법으로 사용되고 있음을 알고 있기 때문이다.

사실 비트겐슈타인의 주장은 단순하다. 동일한 말이라도 그것이 사용되는 맥락에 따라서 의미는 천차만별로 달라질 수 있다는 것, 그래서 한 가지 의미만을 고집한다면 소통에서 오해가 발생할 수 있다는 것이다. 최근 들어 조직에서도 구성원 간 삶의 조건이 다른 경우가 많다. 특히 기성세대와 젊은 세대가 살아온 환경이나 조건은 천양지차다. 이러한 환경과 조건의 이질성은 세대나 계층 또는 세대 간 갈등을 일으키는 원인이 되기도 한다. 대체로 기성세대는 신세대의 개인주의 성향이 못마땅하고 신세대는 기성세대의 맹목적인 조직 지향적 태도가 이해하기 어렵다. 하지만 이러한 상황은 어느 한쪽의 잘못이 아니다. 서로가 상대방의 삶의 문맥을 이해하려는 노력이 부족했기 때문이다. 따라서 타인과 제대로 소통하기 위해서는 상대방의 삶의 문맥을 이해하려는 노력이 서로에게 필요하다.

3

밀레니얼 세대와
열린
소통하기

밀레니얼 세대와 소통을 잘하려면 어떻게 해야 할까? 이 물음에 대해 딱 잘라서 '이거다'라고 말할 수 있는 정답은 없다. 소통의 대상이나 목적, 상황에 따라 전개 양상이 다르기 때문이다. 그럼에도 기성세대가 밀레니얼 세대와 효과적으로 소통하기 위해서 염두에 두어야 할 원칙은 존재한다. 여기서는 밀레니얼 세대의 독특성과 소통의 본래적 특성을 감안하여 3가지 원칙을 소개하고자 한다.

밀레니얼 세대와의 효과적인 소통을 위하여

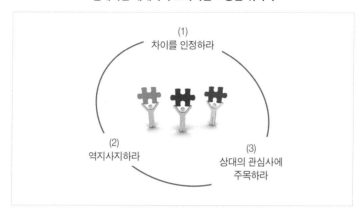

(1) 차이를 인정하라.

밀레니얼 세대와 열린 소통을 하기 위해서는 먼저 상대방을 제대로 이해하고 차이를 인정해야 한다. 세대를 막론하고 소통을 잘하려면 서로 간의 차이를 인정하고 상대방을 이해하려는 태도가 무엇보다 중요하다. 진정한 소통은 상대방에 대한 이해와 인정을 그 출발점으로 하기 때문이다. 이러한 생각은 김춘수 시인의 「꽃」에도 잘 드러나 있다.

내가 그의 이름을 불러 주기 전에는

그는 다만

하나의 몸짓에 지나지 않았다.

내가 그의 이름을 불러 주었을 때

그는 나에게로 와서

꽃이 되었다.

(중략)

우리들은 모두

무엇이 되고 싶다.

너는 나에게 나는 너에게

잊혀지지 않는 하나의 눈짓이 되고 싶다.

시를 보면 타자의 존재는 매우 중요하다. 그가 나의 이름을 불러주어야 비로소 '꽃'이 되기 때문이다. 따라서 타인은 나의 존재를 밝혀주는 소중한 존재다. 만약 타인이 나의 이름을 불러주지 않는다면, 나는 다만 하나의 몸짓에 지나지 않기 때문이다. 타인이 나를 호명해주지 않는다면 나는 존재하지도 않는 대상에 불과하다. 결국 내가 소통을 하려면 타자로부터 인정받는 존재가 되어야 한다. 이런 면으로 보면, 타자는 나에게 이중적인 의미로 다가온다. 타자는 나를 인정함으로써 소통 가능한 존재로 승화시킬 수도 있고, 나를 인정하지 않음으로써 존재하지도 않는 대상으로 전락시킬 수도 있다. 이를 두고 프랑스 철학자 사르트르는 "타자는 나의 지옥이다."라고 표현했다. 타자는 나를 바라보면서 나를 객체화 하는 존재다. 따라서 나의 존재 여부는 타자의 손에 달렸다.

　이런 원리는 조직 생활에서도 동일하게 적용된다. 조직에서 부하 직원에게 상사는 타자다. 타자인 상사는 부하 직원을 바라보면서 그를 객체화 한다. 이때 상사가 부하 직원을 중요하게 생각하고 사랑스럽게 대하면, 부하 직원은 "아 내가 조직에서 중요하고 필요한 존재구나. 상사에게 사랑받는 존재구나."라고 느낀다. 상사의 시선에 따라 자신의 정체성이 규정되는 것이다. 이러한 매커니즘은 역으로도 작용한다. 부하 직원이 상사를 존경스럽게 대하면 상사도 이를 느끼면서 자신의 정체성을 긍정적으로 해석한다. 만약 부하 직원이 상사를 불편해하고 피하기만 한다면 상사의 존재감도 미미해지고 만다. 여기서 중요한 것은 자신의 정체성을 규정짓는 것은 내가 아니라 타인이라는 사실이다. 타자가 나의 존재를 결정하기 때문에 이를 두고 사르트르는 '지옥'이라고 표현한 것이다.

　이런 의미에서 보자는 타자는 나에게 매우 중요한 존재다. 나의 존재를 밝혀주고 정체성을 규정하기 때문이다. 따라서 소통에서도 타자의 이해와 인정은 반드시 필요하다. 조직에서 기성세대가 밀레니얼 세대의 부하 직원과 소통하기 위해서도 그들을 이해하고 인정하는 것이 선행되어야 한다. 밀레니얼 세대의 독특성을 이해하지 못하고, 그들의 생각과 행동이 잘못되었다고 규정하는 순간 진정한 소통은 어려워진다.

(2) 역지사지(易地思之)하라.

상대방과의 차이를 인정했다면, 그 다음에는 상대방의 입장에서 생각할 수 있어야 한다. 상대방의 입장에서 생각하려면 우선 '역지사지'의 마음을 가져야 한다. 역지사지의 마음이 없다면, 별생각 없이 한 말이나 행동이 상대방을 곤란에 빠뜨리거나 상처를 줄 수도 있다. 이러한 예는 『장자莊子』의「지락」편에 잘 나타나 있다.

옛날 바닷새가 노나라 서울 밖에 날아와 앉았다. 노나라 임금은 이 새를 친히 종묘 안으로 데리고 와 술을 권하고 아름다운 궁궐의 음악을 연주해 주고, 소와 돼지, 양을 잡아 접대하였다. 그러나 새는 어리둥절해하고 슬퍼하기만 할 뿐, 고기 한 점 먹지 않고 술도 마시지 않은 채 사흘 만에 결국 죽어버리고 말았다. 이것은 사람을 기르는 방법으로 새를 기른 것이지, 새를 기르는 방법으로 새를 기르지 않은 것이다.

노나라 임금은 바닷새를 위한답시고 궁궐에서 융성한 연

회를 열어주었다. 음악을 연주해주고 고기와 술을 대접했다. 바닷새는 그 연회를 맘껏 즐겼을까? 즐기기는커녕 사흘 만에 죽어버리고 말았다. 노나라 임금의 배려가 바닷새에게는 오히려 독이 된 것이다. 상대를 위하는 행위도 그것이 아무리 좋아 보여도, 상대방의 입장을 고려하지 않으면 나쁜 결과를 가져올 수 있다. 따라서 타인을 위하는 행위에도 상대방의 입장에서 생각하는 역지사지의 마음가짐이 필요하다.

조직에서도 마찬가지다. 상대방의 입장을 고려하지 않으면 그 말이 상대에게 상처를 줄 수도 있다. 가령 평소 술을 즐기는 사장이 회식 자리에서 직원들에게 폭탄주를 한 잔씩 권하면서 "이 술을 원샷 하지 않는 사람은 연말 인사평가에서 나쁜 평가를 줄 거야."라고 말했다고 치자. 물론 농담으로 한 말이다. 하지만 부하 직원의 입장에서는 기분이 어떨까? 특히 술을 잘 마시지 못하는 직원이라면? 사장의 말을 농담이라 여기고 술잔을 거절할 수 있을까? 그렇지 않을 것이다. 아무리 우스갯소리라 하더라도, 사장의 말을 직원이 아무렇지도 않게 농담으로 받아들이기는 어렵다. 입장 차이가 있기 때문이다. 지위와 권력을 가진 상사의 농담이 부하 직원들에게는 불편하게 들리는 경우가 많다. 따라서 권력을 가진 사람일수록 약자의 입장에서 생각할 필요가 있다.

기성세대는 밀레니얼 세대의 지나친 개인주의적 성향을 못마땅하게 여기는 경우가 많다. 주말에 팀워크를 다질 목적으로 야유회를 가려고 해도 개인 사정을 핑계로 빠지기 일쑤다. 밀레니얼 세대는 왜 그렇게 조직보다는 가정을 우선시하는 것일까? 밀레니얼 세대가 처한 입장 때문이다. 대개 X 세대 상사들은 주말이 여유롭다. 자녀들은 성장해서 부모의 손을 필요로 하지 않고 가사도 특별히 할 게 없다(X 세대는 외벌이 부부가 많다). 따라서 주말 시간을 사적으로 사용하는 데 별 무리가 없다. 하지만 밀레니얼 세대는 주말에도 집에서 할 일이 많다. 대부분 맞벌이이므로 가사를 도와야 한다. 자녀들도 어려서 손이 많이 가고, 주중에 미루어 두었던 일도 주말에 몰아서 해야 한다. 한가하게 야유회나 다닐 여유가 없다. 이런 상황에서 상사가 부하 직원의 입장을 고려하지 않고 일방적으로 야유회를 끌고 간다면, 팀워크를 높이기는커녕 사이만 나빠질 수도 있다. 요컨대 역지사지의 자세가 중요하다.

(3) 상대의 관심사에 주목하라.

상대방과의 차이를 인정하고, 역지사지의 자세로 상대방의 입장에서 생각한다 하더라도 기성세대가 젊은 세대와 소통을 하는 데 어려움이 완전히 사라진 것은 아니다. 서로가 공감할 수 있는 대화 주제를 잡기가 어렵기 때문이다. 대체로 연령대가 차이가 크면 클수록 소통하기 어렵다. 이는 명절 때 가족 친지들이 모인 장소에서 나이 차이가 많이 나는 어르신과 소통을 해 보면 쉽게 알 수 있다. 상투적인 인사와 안부 등을 묻고 나면 더 이상할 말이 없다. 서로 공유할 수 있는 화제나 대화거리가 없기 때문이다. 이러한 현상을 우리는 '세대 차이'라며 에둘러 말하기도 한다. 세대 차이란 연령 차이가 큰 세대 사이의 가치관이나 관심사의 차이를 말하는데, 이는 소통의 단절을 불러오는 주요 원인이다. 요컨대 세대 차이가 크면 클수록 소통이 어렵다.

이 대목에서 한번 생각해보자. 세대 차이가 클수록 소통이 어렵다는 말은 사실일까? 경험으로 보자면, 이 주장은 맞는 것 같다. 하지만 진실은 아니다. 예를 들어보자. 가령 기성세대와 신세대가 즐겨 듣는 노래나 좋아하는 가수를 조사해보면, 세대마다 차이가 있음을 느끼게 된다. 베이비부머 세대는 트로트나 포크송 등을 좋아하고 X 세대는 8,90년대 유행했던 음악과 가수를 좋아한다. 이들은 요즘 유행하는 힙합이나 아이돌 가수들이 부르는 노래에는 상대적으로 관심이 적다. 심지어 기성세대 중에는 빠르게 내뱉는 힙합 가수들의 노래를 알아든지도 못하는 경우도 많다. 반면 밀레니얼 세대는 힙합에 열광하며 즐긴다. 이

런 현상을 보면, 분명 세대 간 차이는 있다고 보는 편이 맞는 것
같다.

　그렇다면 우리나라 사람들이 가장 열광하는 축구선수는
누구일까? 요즘 사람들이 '축구 스타' 하면 떠올리는 대상은 세대
마다 서로 다를까? 그렇지 않다. 아무리 기성세대라 할지라도 축
구에 관심을 가지고 있는 사람이라면 누구나 '손흥민'을 떠올릴
것이다. 여러 세대가 함께 어울리는 조기 축구회를 가 보면, 최소
한 축구에 관한 이야기만큼은 세대 차이를 느끼지 못한다. 공통
의 관심사에 대해서는 세대 차이가 존재하지 않기 때문이다.
　이런 관점에서 보자면, 세대 간 관심 영역의 차이 때문에
소통에 어려움을 느끼는 현상을 두고 '세대 차이'라고 뭉뚱그려
표현하는 것은 적절히 않다. 정확하게 말하면 '관심 차이'라고 보
는 편이 타당하다. 서로가 함께 관심을 가지고 있는 영역에서는
아무리 나이 차이가 나더라도 소통에 어려움이 없다는 뜻이다.
그렇다면 나이 차이가 나는 대상과 소통을 잘 하려면 어떻게 해
야 할까? 상대의 관심사에 주목하면 된다. 기성세대는 밀레니얼
세대의 관심사를 두루 살펴서 알려고 노력하고, 부하 직원도 상
사의 관심사에 신경을 쓴다면 세대 차이를 극복할 수 있다.

기성세대가 밀레니얼 세대와 소통하려면, 차이를 인정하고 역시사지의 자세로 상대방의 관심사에 주목하려는 노력을 기울여야 한다. 그래야 연령 차이에도 불구하고 마음을 주고받는 소통이 가능해진다. 예로부터 훌륭한 리더는 타인과의 차이를 인정하고 함께 어울릴 줄 알았다. 『논어論語』에 이런 말이 나온다. "군자는 화이부동하고君子和而不同, 소인은 동이불화한다小人同而不和." 군자는 다름을 인정하고 다른 것들과의 조화를 도모하는데, 소인은 다름을 인정하지 못하고 무엇이나 같게 만들려고 한다는 뜻이다. 다시 말해 군자는 '화이부동'하여 자신과 다른 사람을 인정하고 그를 존중하는 반면, 소인은 '동이불화'하여 자신과 다른 생각을 가진 사람을 배척한다는 말이다. 이는 소통의 기본 원리이기도 하다. 리더인 기성세대가 자신과 다른 생각과 가치관, 행동양식을 가진 밀레니얼 세대 부하 직원과도 '화이부동'의 마음가짐으로 다름을 인정하고 상대를 존중할 때 신뢰가 생기고 그들과 진심을 터놓는 열린 소통이 가능해진다.

세대를
뛰어넘어
함께 일하는
조직문화 만들기

비정상회담 :
지금까지의 직장, 앞으로의 직장

영업본부 전체가 1박 2일 워크샵을 떠났다. 그동안 우여곡절은 많았지만 최종적으로 나쁘지 않은 실적을 낸 것에 대해 직원들을 치하하고 격려할 목적으로 시행된 것이다. 아울러 내년에도 다시 한 번 열심히 해 보자는 결의를 다지기 위한 목적도 있었다. 1부에서는 영업 실적을 리뷰하고, 우수 성과자에 대한 포상이 있었다. 2부에서는 본부 전체 회식을 겸한 단합의 시간을 가졌다. 공식 일정이 끝나자 X 팀장은 M 대리, Z 사원과 함께 근처 호프집으로 자리를 옮겼다. 사적으로 팀원들과 시간을 가지기 위해서다. 그런데 어쩌다 B 상무도 합류하게 되었다. 평소라면 생각지도 못할 멤버가 구성되었다. 베이비부머 세대인 B 상무, X 세대인 팀장, 밀레니얼 세대인 M 대리, Z 세대인 신입사원. 이렇게 각 세대를 대표하는 4대가 함께 만난 것이다. 해서 자연스럽게 각 세대가 생각하는 직업이나 직장에 대한 이야기를 하게 되었다. 각 세대를 대표하는 사람들의 생각은 대략 이러했다 (내용에 집중하기 위해 높임말이나 존칭은 생략했다).

B 상무 : 한국사회에서 직장이나 직업을 갖는다는 것은 단지 경제적 목적만은 아니다. 자신의 정체성을 드러내고 주류사회로 편입되기 위해서는 좋은 직장과 안정적인 직업을 갖는 것은 필수요소다. 그래서 조직 구성원이라면 조직을 위해 노력해야 한다. 나를 봐라. 내 또래 친구들 중에서 이 나이가 되도록 나처럼 경제활동을 제대로 하는 사람은 드물다. 그러니 조직 안에서 성공의 길을 찾는 것이 최선의 방법이다.

X 팀장 : 직장이나 직업이 중요하다는 것에는 동의한다. 하지만 상무님의 경우는 예외적인 케이스다. 지금은 상무님이 한창 일하던 시절과 상황이 많이 변했다. 요즘은 조직에서 상무님의 위치까지 올라가기가 쉽지 않다. 또 직장이 개개인의 행복을 보장해주지도 않는다. 대부분 언젠가는 조직을 떠나야 한다. 정년까지 버티는 일은 하늘의 별 따기처럼 어렵다. 따라서 퇴직 후의 삶을 미리 준비해야 하는데, 현실적으로 이 또한

쉽지 않다. 조직에서 주어진 역할을 해내기도 하루 24시간이 부족하다.

M 대리 : 팀장님은 입으로는 조직이 나를 지켜주지 않는다고 말하지만, 실제 행동은 조직에 '몰빵'하는 것처럼 보인다. 머리로는 진보라고 생각하지만, 우리가 보기에 보수에 가깝다(좀 더 솔직하게 말하면 '꼰대'에 가깝다). 이게 다 나이가 든 탓으로 보인다. 우리도 조직의 성공과 개인의 행복은 별개라고 생각한다. 따라서 조직을 떠난 뒤에 개인의 행복을 찾기보다 조직 안에 있으면서 개인의 행복을 찾기 원한다. 솔직히 우리 세대는 조직에서의 성공을 크게 바라지도 않는다. 기본적인 생활을 할 수 있고, 매달 날아오는 카드 청구서 정도만 막을 수 있으면 충분하다고 생각한다. 우리는 조직에서의 욕심은 별로 크지 않다. 이런 우리를 보고 이상하게 생각하는 팀장님을 보면 오히려 안타까울 때가 있다. 미래의 행복을 위해 왜 현재를 희생해야 하는지 모르겠다.

Z 사원 : 솔직히 이런 대화가 무슨 실익이 있을까 싶다. 같은 직장을 다녀도 개인마다 생각이나 삶의 목표가 다 다른데, 굳이 이런 논의가 필요한지 모르겠다. 각자 자기 생각대로 직장 생활을 하면 그뿐 아닌가? 이

런 논의보다는 어떻게 하면 직원들을 즐겁게 할 수 있을지를 논의했으면 좋겠다.

예상한 바이지만 여러 세대가 모여서 논의를 해도 직장에 대한 관점과 앞으로의 직장이 어떤 방향으로 나아가야 하는지에 대한 생각은 서로 달랐다. 각자의 위치와 입장이 다르기 때문이다. 하지만 과거에는 경제적 안정을 목적으로 직업이나 직장을 추구했다면 지금은 일과 삶의 균형, 행복을 우선한다는 큰 흐름은 포착할 수 있었다. 미래 조직은 어떤 모습이어야 할까? 특히 여러 세대가 공존하는 상황에서 세대가 함께 어울려 일하기 위해서는 무엇을 준비해야 할까?

1

밀레니얼 세대가
원하는
조직문화

"까라면 까!" 이 말은 80년대 이전의 군대 문화를 잘 보여주는 표현이다. 규율과 복종을 중시하는 군대 조직의 특성상 상관의 지시가 있으면 이의를 제기하지 않고 무조건 따라야 한다는 것이 공통의 인식이었다. 이렇게 눈에 보이지는 않지만 구성원 모두가 공유하고 있는 인식을 '문화'라고 부른다. 문화는 사람들이 모여 있는 곳에서는 자연스럽게 형성되는 공통의 가치관이다. 따라서 어느 조직이든, 사람이 모여 있는 곳에는 문화가 존재한다. 가정에서는 가풍이, 학교에서는 학교 문화가, 기업에서는 조직문화가 있다.

그중 조직문화(기업문화)는 구성원들이 공유하고 있는 신념,

가치관 그리고 행동규범 등 기업 전체에 영향을 미치는 정신적 또는 심리적 요소를 말한다. 이러한 조직문화는 조직 구성원의 생각과 행동에 영향을 주고, 의사결정이나 구성원 간의 관계에도 영향을 미치며, 전체적인 조직의 분위기나 활력을 좌우하는 요소가 되기도 한다. 또한 기업 경쟁력의 중요한 요소로 인식되어 기업의 효과성을 측정하는 데 사용되기도 한다. 변화관리 전문가인 존 코터John Kotter가 『하버드 비즈니스 리뷰』에 발표한 조사에 따르면, 조직문화가 기업의 경영 성과에도 큰 영향을 미치는 것으로 나타났다. 그가 11년간 전 세계 22개 사업 분야, 207개 기업을 대상으로 조사한 결과, 조직문화를 잘 정립한 기업이 그렇지 못한 기업보다 매출에서부터 고용, 주가, 수익에 이르기까지 여러 경영지표에서 월등한 성장률을 보였다. 결국 조직문화

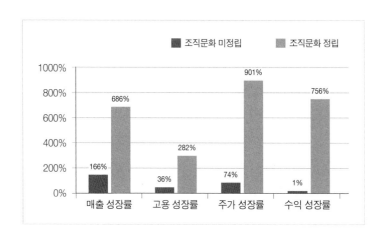

8장 세대를 뛰어넘어 함께 일하는 조직문화 만들기

는 구성원의 행동과 태도, 일하는 방식과 상호관계 등에 영향을 미칠 뿐만 아니라 구체적인 경영 성과를 높이는 데도 도움이 되었다. 초일류기업들이 건전한 조직문화를 만들기 위해 많은 노력을 기울이는 것 역시 이런 이유 때문이다.

한편 조직문화는 세월이 흐르면 변하기 마련이다. 조직문화는 조직 구성원이 가진 공통의 인식이기 때문에 구성원이 변하면 문화도 바뀐다. 베이비부머 세대나 X 세대가 조직을 구성하던 7,80년대만 하더라도 대부분 한국 기업의 조직문화는 군대 문화와 별반 다르지 않았다. 개인의 자율보다는 조직의 규율이 중시되고, 창의성보다는 협동이 강조되던 시절이라 군대와 같은 일사불란한 움직임이 요구되었기 때문이다. 하지만 많은 전문가들은 밀레니얼 세대의 비중이 높아진 오늘날의 조직에서는 개인의 자율이 중시되고 창의성이 자연스럽게 발현될 수 있도록 조직문화가 바뀌어야 한다고 주장하고 있다.

그렇다면 오늘날 조직에서는 과거와 같은 소위 '군대 문화'가 사라졌을까? 취업포털 인크루트가 2017년 '조직 내 군대 문화' 관련 설문조사를 실시한 결과, 응답자의 71%가 조직 내 군대 문화가 여전히 존재한다고 응답했다. 겉으로는 자율적인 조직문화를 지향한다고 말하지만, 안으로는 여전히 규율과 복종을 강조하는 군대 문화의 잔재가 남아있다는 소리다. 구성원들이 '군대 문화'를 느낀 시점은 언제일까? 1위로는 '의견조차 내지 못하는 억압적 분위기(15%)'가 꼽혔으며, '최고 지위자의 스케줄이나 의사에 따라 중요한 업무 일정 및 결정사항들이 무리하게 바뀔 때(12%)'가 2위를 차지했다. 그 뒤로는 사생활을 인정하지 않는 사내 분위기(11%), 보고 체계가 지나치게 딱딱하고 권위적일 때(11%), 요직을 맡는 후배에 대한 선배의 시기와 질투, 대물림 되는 갑질(8%), 직무와 상관없이 상사의 개인 일정과 업무를 관리해야 하는 부하들의 분위기(8%) 등의 순이었다. 결과를 보면 알 수 있겠지만, 직원들이 군대 문화라고 느끼는 이유의 대부분은 '상사'와 관련이 있다. 즉 상사가 어떤 방식의 리더십을 발휘하고 있는가에 따라서 부하 직원이 느끼는 조직문화의 색깔이 달라진다.

상사는 왜 구시대적인 군대 문화의 리더십을 지속하고 있는 것일까? 그 이유는 과거 자신이 부하 직원 시절에 몸에 배어 있던 조직문화의 특성을 바꾸지 못하고 그대로 유지하고 있기 때문이다. "새 술은 새 부대에 담아라."는 말도 있듯이, 시대가 변하고 구성원이 바뀌면 덩달아 조직문화도 변해야 한다. 특히 베이비부머 세대 상사를 모시면서 군대 문화에 익숙했던 X 세대라

할지라도 자신이 리더가 된 상황에서는 과거의 조직문화를 그대로 고수해서는 안 된다. 이제부터는 밀레니얼 세대 부하 직원과 함께 일할 수 있는 새로운 조직문화를 만들어야 한다. 그러기 위해서는 밀레니얼 세대가 원하는 조직문화를 잘 이해해야 한다. 밀레니얼 세대가 원하는 조직문화는 어떤 것일까?

(1) 투명하고 솔직한 조직문화

밀레니얼 세대는 일터에서 투명함과 솔직함을 기대한다. 회사의 전략이나 방향에 대해서도 경영진이나 리더에게 자세하게 듣고 싶어 하고, 구체적인 경영 성과나 경영 정보에 대해서도 알기를 희망한다. 또 업무의 추진 경과나 그 과정에서는 문제점이나 잘못된 점, 실수나 실패에 대해서도 솔직하게 전달받기를 원한다.

(2) 동등하고 공평한 기회가 주어지는 조직문화

밀레니얼 세대는 조직에서 주변이 아닌 중심에 서기를 바란다. 위계질서보다는 동등한 위치에 서기를 원한다. 따라서 자신에게도 충분한 발언권이 있으며, 조직에 기여할 기회가 동등하고 공평하게 주어지기를 기대한다.

(3) 네트워크가 자유로운 조직문화

밀레니얼 세대는 서로 연결되어 있으며, 자유로운 네트워크를 원한다. 따라서 네트워크를 위한 시간이 보장되고 네트워크를 위한 활동에 제한을 받지 않기를 원한다. 또 업무 성과나 결과를 보고하기 수단으로 네트워크를 활용하기를 원한다.

(4) 모험과 도전을 지원하는 조직문화

밀레니얼 세대는 모험과 도전을 즐긴다. 따라서 모험과 도전을 위한 시도가 제한받는 것을 싫어하며, 상사로부터 지원받기를 바란다. 업무에 있어서도 과거의 관례나 전통을 강요받기보다는 자유롭게 다양한 방법을 시도할 수 있기를 원하며, 이를 상사가 지원하고 격려해주기를 바란다.

(5) 일과 삶의 균형을 중시하며 유연성 있는 조직문화

밀레니얼 세대는 균형 잡힌 삶을 원한다. 이를 위해 업무 시간과 개인 시간의 균형과 유연성이 있기를 바란다. 또 밀레니얼 세대는 장시간의 업무를 싫어하고, 업무 외 시간에 간섭 받기를 원하지 않는다. 자기만을 위한 시간이 보장되기를 바란다. 밀레니얼 세대를 부하 직원으로 둔 리더는 그들이 바라는 조직문화를 이해하고, 이러한 조직문화를 만들기 위한 관심과 노력을

기울여야 한다. 새로운 조직문화를 통해 그들의 열정과 동기를
이끌어낼 수 있어야 한다.

세대를 뛰어넘어
함께 일하기 위한
준비

조직 내 세대 다양성이 증가하고, 과거 세대와는 다른 가치관을 가진 밀레니얼 세대가 조직의 핵심 세력으로 급부상하고 있지만 회사의 제도와 업무 환경, 리더의 관리 방식은 여전히 과거에 머무르고 있는 경향이 있다. 급변하는 경영 환경에 효과적으로 대처하기 위해서는 밀레니얼 세대의 역량을 잘 활용하는 것이 무엇보다 중요하다. 조지프 스티클리츠는 『창조적 학습사회』에서 미래에는 젊은 세대가 주도하는 기업이 좋은 성과를 낼 수 있다면서 젊은 구성원들의 중요성을 강조한 바 있다. 꼭 선도 기업이 아니더라도 조직 내 핵심 실무를 담당하는 사람이 밀레니얼 세대가 된 상황에서 그들의 몰입도를 높이고, 그들의 창의적 아이디어를 잘 활용할 수 있다면 보다 좋은 성과를 낼 수 있을 것이다.

2010년 한국심리학회지에 발표된 한국인의 가치관 변화 추이에 따르면, 한국인의 전반적인 가치관이 과거보다 '수평화, 합리화, 개인주의화' 되고 있다고 한다. 이는 젊은 세대부터 기성 세대까지 거의 모든 세대에서 관찰되는 현상이지만, 조직 내 지위와 역할을 고려한다면 기성세대보다는 젊은 세대의 가치관이 더 빠르게 변화한다는 점은 누구나 짐작할 수 있는 일이다. 따라서 젊은 세대, 특히 조직의 핵심 계층으로 부상하고 있는 밀레니얼 세대를 효과적으로 동기부여 할 수 있는 방안은 리더 개인만이 아니라 조직 차원에서도 고민해야 한다. 또 지금이 그 준비를 해야 할 시점이다. 그래야만 세대 차이를 극복하고 세대를 뛰어넘어 함께 일하는 분위기를 형성할 수 있을 것이다.

- 리더 개인 차원에서 준비해야 할 사항

첫째, 리더는 일의 의미와 가치를 명확히 해야 한다. 밀레니얼 세대는 단순히 정해진 시간만큼 일을 하고 그에 상응하는 대가를 받는 것에 만족하지 않는다. 그들은 자신의 업무가 가진 의미와 일의 결과를 중요하게 생각한다. 그들은 자신에게 주어진 업무가 큰 그림 속에서 어디에 위치하고 있으며, 자신이 하는 일의 목적과 자신의 공헌 영역을 알기를 원한다. 따라서 리더는 그들에게 왜 일을 해야 하는지, 기대하는 성과가 무엇인지를 명확하게 제시하고, 이를 위해 필요한 업무와 해야 할 역할을 알려주어야 한다. 또한 완결성 있는 업무를 경험하게 하거나, 성공을 맛볼 수 있는 도전적 업무를 경험하게 해주면 그들이 일에서 의미를 찾는 데 도움이 될 것이다.

둘째, 리더는 밀레니얼 세대의 학습과 성장에 우선순위를 두어야 한다. 밀레니얼 세대는 조직 내 지위의 이동보다는 실질적인 성장과 역량 향상을 원한다. 업무가 단지 조직의 성과를 창출하는 수단이 아니라 자신의 교육과 경력개발의 기회가 되기를 기대한다. 따라서 리더는 해당 업무가 부하 직원의 학습과 성장에 어떤 긍정적인 영향을 줄 수 있을지를 항상 고민해야 한다. 또 부하 직원의 역량 개발을 포함한 학습과 성장에 우선순위를 두고 업무를 배분하고 지시해야 한다.

셋째, 밀레니얼 세대와 더 자주, 솔직하게 소통해야 한다. 밀레니얼 세대가 조직을 떠나는 가장 큰 이유는 '상사' 때문이다. 하지만 그들이 상사를 멀리하거나 피하고 싶어 하는 것은 아니다. 그들은 오히려 상사와 좋은 관계를 바라며, 심도 깊은 대화를 나누기를 기대한다. 그들은 자신의 상사와 격의 없이 대화하고, 자신의 성장을 위한 조언과 피드백을 받기를 원한다. 따라서 리더는 공식적, 비공식적 채널을 통해 부하 직원과 더 자주, 솔직하게 진심을 주고받으며 소통해야 한다.

넷째, 리더는 디지털 기술을 활용한 소통과 협업에 관심을 가져야 한다. 밀레니얼 세대는 IT기기 및 디지털 기술과 함께 자란 세대로, 모바일로 연결된 세계와 친숙하다. 그들은 일터에서도 이러한 패턴을 유지하고 싶어 한다. 업무에서도 SNS와 모바일, 인터넷을 통해 소통하고 협업하기를 원한다. 게다가 온라인상의 소통과 협업은 거스를 수 없는 흐름이다. 따라서 IT와 디지털 기술에 덜 익숙한 기성세대 리더는 스스로 이런 도구들과 친숙해지기 위해 노력해야 한다.

- 조직 차원에서 준비해야 할 사항

밀레니얼 세대를 아우르고 함께 일하기 위한 노력은 단지 리더 개개인의 노력만으로는 부족하다. 조직 차원에서도 준비해야 할 것이 있다. 밀레니얼 세대를 포용하고 동기부여 할 수 있는 제도와 시스템의 정비가 필요하다.

첫째, 다양한 HR 제도와 시스템을 구축해야 한다. 밀레니얼 세대는 조직에서 기대하는 바가 기성세대와 사뭇 다르다. 성공과 행복에 대한 기준이 기성세대와는 다르기 때문이다. 획일화된 기성세대와는 달리 밀레니얼 세대의 기준은 다양해지고 개인화가 되었다. 따라서 밀레니얼 세대의 특성에 맞게 HR 제도도 다양화할 필요가 있다. 보상 시스템뿐만 아니라 승진과 이동, 경력개발, 교육 등 인사제도 전반에 개개인의 니즈가 반영될 수 있도록 정비해야 한다. 가령 조직에서 빨리 성장하고 싶은 사람은 더 많은 시간과 노력을 쏟아 단기간에 빠른 승진과 높은 연봉을 받을 수 있는 패스트 트랙Fast Track을 적용하고, 일과 삶의 균형을 바라고 전문성을 추구하는 이에게는 특정 직무 전문가로 성장할 수 있는 전문가 트랙을 선택할 수 있게 하는 것이다. 이렇게 하면 개개인이 추구하는 방향에 따라 이동, 경력, 교육 등도 맞춤형으로 설계할 수 있다.

둘째, 개인의 성장을 지원하는 프로그램이 마련되어야 한다. 밀레니얼 세대는 조직 안에서 스스로 성장하는 것을 중요시한다. 그들은 자신의 성장과 경력개발에 도움이 된다면, 적은 연봉도 기꺼이 감수할 수 있다고도 생각한다. 따라서 조직 내에 개인의 성장을 지원하는 다양한 제도적 장치가 필요하다. 핵심인재 육성제도, 미래 경영자 코스, 사내 스타트업 등 회사 관점이 아니라 구성원의 관점에서 성장 기회와 비전을 제시할 수 있는 제도나 시스템을 고민해야 한다. 밀레니얼 세대의 성장에 대한 비전은 미래에 대한 불안감을 낮추고 조직의 정착률을 높이며, 개개인의 능력을 개발하고 잠재력을 이끌어 내는 데 도움이 된다.

셋째, 사회 공헌에 대한 비전을 제시해야 한다. 자신이 하고 있는 일의 의미와 가치를 추구하는 밀레니얼 세대는 사회 공헌에도 관심이 높다. 그들은 자신이 담당하는 일이 사회문제를 개선하는 데 도움이 되기를 바란다. 직장을 선택할 때도 돈보다는 사회 참여적 요소를 중요시한다. 따라서 회사 차원에서의 가치 추구와 사회 공헌적 요소를 발굴하고 이를 공유할 필요가 있다. 가령 GE가 도입한 에코매지네이션ecomagination 프로그램이 한 예다. 에코매지네이션은 친환경 아이디어를 통해 환경도 살리고 성과도 창출하는 일석이조의 효과를 내고 있다. GE는 이를 통해 세계 최초의 하이브리드 기관차, 고효율 조명기기인 발광다이오드LED, 친환경 고효율 홈빌더 프로그램 등을 개발하였으며, 매년 이 사업으로 수백억 달러를 벌어들이고 있다. 그뿐만 아니라 GE는 이 프로그램을 통해 직원들에게 의미 있는 사회활동의 기회를 제공하고, 구성원의 자부심을 향상시키고 있다. 이처럼 의미 있는 일을 하면서도 사회에 공헌할 수 있는 다양한 프로그램을 마련한다면 밀레니얼 세대의 직무 몰입과 조직 만족을 동시에 이끌어낼 수 있다.

넷째, 수평적 조직 구조 및 조직문화를 정립해야 한다. 밀레니얼 세대는 수평적 커뮤니케이션을 원한다. 따라서 조직 구조도 기존의 수직적인 의사소통 구조를 수평적으로 개선할 필요가 있다. 최근 여러 기업들이 직급과 호칭을 없애고, 이름 뒤에 '님'을 붙이거나 영어 이름을 사용하면서 조직 내 수직적 위계를 없애고 수평적인 조직문화를 만들려고 노력하고 있다. 수직적 조직 구조에서는 개인의 창의적 아이디어가 집단 창의성으로 발현되기가 어렵다. 집단 창의성은 수평적 커뮤니케이션과 이를 통한 쌍방향의 자유로운 소통에서 시작되기 때문이다. 이를 위해서는 리더의 마인드 전환만으로는 한계가 있다. 조직 차원에서의 제도와 시스템, 도구의 뒷받침이 필요하다. 조직 내 직급 구조를 단순화하고, 호칭을 없애는 것도 한 방법이며, 스마트폰을 사용하여 실시간 커뮤니케이션을 할 수 있는 애플리케이션을 활용할 수도 있을 것이다.

예를 들어 GE는 PD@GE^{Performance Development at GE}라는 애플리

케이션을 도입했다. 스마트기기를 통해 성과에 대해 즉각적으로 피드백을 줄 수 있도록 한 것이다. 유럽 전자상거래 업체인 잘란도Zalando도 앱을 통한 실시간 커뮤니케이션을 할 수 있게 만들었다. 중요한 회의나 의사결정이 끝나거나 프로젝트가 출범하거나 완료됐을 때, 해당 활동의 결과에 대해 상사나 동료, 타 부서 직원들에게 피드백을 요구할 수 있다. 맥킨지글로벌인스티튜트MGI는 앱을 통해 상사, 동료, 부하 직원까지 피드백에 참여하는 성과평가 시스템을 통해 원활한 커뮤니케이션을 활용하기도 한다. 이러한 쌍방향 실시간 커뮤니케이션 시스템을 활용하면 밀레니얼 세대가 기존의 위계구조를 뛰어넘어 직접적인 커뮤니케이션을 할 수 있게 된다. 또 자신의 의견이 회사 의사결정에 얼마나 영향을 주는지도 알 수 있게 되어 주도적이고 자발적 참여가 늘어나게 된다.

3

미래 세대를
위한
과제

2006년 경제전문지 『포춘Fortune』은 "잭 웰치Jack Welch의 경영 교본을 찢어버려야 한다."는 특집기사를 무려 10쪽에 걸쳐 다루었다. 잡지에서 하버드 대학의 라케시 쿠라나Rakesh Khurana 교수는 "잭 웰치의 경영 방식이 모두 틀린 것은 아니지만 시대 변화에 따라 이제 취할 것은 취하고 버릴 것은 버려야 할 때"라고 언급하였다. 잭 웰치를 버리라고? 그가 누구던가? 그는 과감한 결단과 추진력으로 쇠퇴하던 GE를 기사회생시키며 일약 스타 반열에 오른 '경영의 신神'이며, 자신의 경영 기법을 전 세계에 전파시킨 '세기의 경영인'이었다. 하지만 그런 그도 변화의 흐름을 이기지는 못했다. 한때 그의 경영전략은 세계 경영의 바이블로 통했으나 이제는 '낡아빠진 과거의 성공 이론'으로 퇴색하고 말았다. 잭 웰치 이후 GE의 최고경영자가 된 제프리 이멜트Jeffrey Immelt 회장도 2008년 경제 위기를 경험한 후 "이제는 사회, 경제적인 리셋Reset이 필요하다. 경제 위기 이전에 기업을 운영하던 방식으로는 생존할 수 없다."라고 역설했다. 이처럼 거대한 변화를 직면하고 있는 시점에서는 기업 경영 패러다임의 변화도 선택이 아닌 필수다.

　　최근 기업을 둘러싼 경영 환경 변화의 양상이 과거와는 비교할 수 없을 정도로 급격하게 요동치고 있다. 전 산업에 걸쳐 차세대 산업혁명인 4차 산업혁명의 물결이 거세게 몰아치고 있기 때문이다. 4차 산업혁명은 인공 지능AI, 사물 인터넷IoT, 클라우드 컴퓨팅, 빅데이터, 모바일 등 지능형 정보기술이 기존 산업과 서비스에 융합되거나 3D 프린팅, 로봇공학, 생명공학, 나노기술 등 여러 신기술과 결합하여 전 세계 모든 제품과 서비스를 네트워크로 연결하고 사물을 지능화한다. 이처럼 초연결hyperconnectivity과 초지능superintelligence을 특징으로 하는 4차 산업혁명은 기존 산업혁명에 비해 더 넓고, 광범위하고, 빠르게 산업 전반에 영향력을 미치고 있다. 이에 모든 기업은 이러한 변화의 물결에 효과적으로 대처하기 위한 대비를 해야 한다. 무엇을 해야 하는가?

기업을 둘러싼 외부의 환경 변화가 아무리 급변할지라도 해답은 내부에서 찾아야 한다. 외부로 나가는 문의 손잡이는 항상 내부에 있는 법이니까. 결국 4차 산업혁명에 대응하는 해답도 사람에서 구해야 한다. 4차 산업혁명의 파도를 효과적으로 넘기 위해서는 조직의 유연성과 민첩성을 키워야 한다. 특히 4차 산업혁명에 대해 상대적으로 대처 능력이 뛰어난 젊은 세대, 즉 밀레니얼 세대의 역할과 주도적 역량을 키워야 한다. 아무래도 4차 산업혁명의 흐름이 기성세대보다는 밀레니얼 세대와 잘 부합하기 때문이다. 따라서 밀레니얼 세대가 조직에서 주도적인 역할을 할 수 있도록 구조를 개선해야 한다. 미래 세대가 조직에서 중추적인 역할을 할 수 있도록 하는 것이 중요한 경영 과제인 셈이다. 여기서는 많은 미래 연구기관들이 공통으로 제시하는 미래 세대를 위한 경영상의 이슈와 과제를 살펴보기로 하자.

(1) 조직 내 다양성을 아울러서 협력과 시너지 이끌어 내기

글로벌화와 네트워크화가 진행되면서 조직 내 구성원의 다양성이 확산되고 있다. 이러한 변화 추세는 거스를 수 없는 대세라고 판단된다. 우리가 지금까지 다루었던 세대 문제뿐만 아니라 성별, 고령화, 국적, 장애인, 고용 형태 등 조직 내 구성원의 다양성은 더욱 확대될 전망이다. 조직 구성원의 다양성은 자칫 구성원 간 갈등 요소로 작용할 수도 있다. 그렇다면 다양성을 없애 버리면 어떻게 될까? 그렇게 되면 갈등은 줄어들겠지만, 변화에 대처하기 어렵고 시너지 창출을 기대하기도 힘들다. 따라서 미래 조직은 구성원의 다양성을 제거할 것이 아니라 지향해야 한다. 아울러 다양성을 효과적으로 관리할 방안을 찾아야 한다. 즉 기업들은 구성원의 다양성을 아우르고 통합할 수 있는 방안을 마련해야 한다.

구성원의 다양성이 잘 관리될 때, 환경 변화에 효과적으로 대처할 수 있고 시너지를 만드는 데 도움이 된다. 구성원 다양성이 미래 성과 창출의 핵심이 될 수도 있다. 실제로 많은 학자들이 창의성과 협업이 요구되는 미래의 지식정보화 사회에서는 구성원의 다양성 확대가 조직 성과에 긍정적 영향을 미칠 것이라고 주장한다. 컬럼비아 대학의 로스Ross 교수는 최고경영진 내 여성 임원 비중이 증가할수록 기업의 재무적 성과에 긍정적 영향을 미친다고 주장한 바 있다. 성별 다양성이 조직의 성과에 긍정적인 영향을 주기도 한다. 이외에도 고령 인력이나 고직급자의 활용, 정규직과 비정규직 등 고용 형태의 다양성에 대한 대처 방안, 외국인 노동자와의 협업관계 등 조직 내 다양한 구성원을 통합하는 문화와 소통 시스템, 서로 함께 협력하고 일하면서 시너지를 낼 수 있는 방안을 마련해야 한다.

(2) 생각의 다름을 장려하는 리더십

경영 환경의 변화는 경영 패러다임뿐만 아니라 조직의 리더십에도 영향을 미쳤다. 2007년 다보스 포럼에서는 강력한 카리스마로 조직을 이끌던 이른바 '제왕적 CEO의 몰락'을 경고한 바 있다. 하버드 대학의 보리스 그로이스 버그Boris Groysberg 교수도 『하버드 비즈니스 리뷰』를 통해 "명령하고 통제하는 식의 권위적 리더십은 더 이상 실효성이 떨어질 것이다."라고 말하면서, 새로운 리더십에서는 다른 사람과 소통하며 협업할 수 있는 커뮤니케이션 역량이 더욱 중요해질 것이라고 강조하였다. 『새로운 미래가 온다』의 저자인 다니엘 핑크Daniel Pink 역시 미래 리더의 요건으로 타인과 유대를 강화하고 배려할 줄 아는 '공감 능력'을 꼽았다. 한마디로 이제는 권위적이고 제왕적인 리더십의 시대는 끝났다. 대신 부드러운 리더십을 바탕으로 소통과 공감을 잘하는 리더가 주목받고 있는 것이다.

왜 그럴까? 환경이 급변하고 변화의 양상이 불확실하고 복잡해지는 상황에서는 리더 혼자서 대처하는 것이 물리적으로 불가능해졌기 때문이다. 권위적이고 제왕적인 리더는 날로 다양화되고 복잡하게 변하는 환경에 효과적으로 대처하기 어렵다. 코카콜라 CEO인 무흐타르 켄트Muhtar Kent는 "과거와 같은 제왕적 리더는 갈수록 수평화 되는 소비자의 요구에 일일이 대응할 수 없고, 급변하는 시장 변화에 둔감할 수밖에 없다."라고 말한다. 따라서 이제는 리더십도 변해야 한다. 미래 경영에 부합하는 리더는 구성원들의 자발적 참여와 그들의 다양한 아이디어를 이끌어 낼 수 있어야 한다. 이를 위해서는 무엇보다도 리더가 구성원 의견을 잘 경청하고 그들의 생각을 활용할 수 있어야 한다. 기업은 새로운 시대에 맞는 리더십 요건을 정립하고 그에 적합한 새로운 리더를 육성해야 한다.

(3) 스마트 워킹(Smart working)을 통한 업무 효율성 제고

정보기술과 네트워크의 발달은 기존의 사무공간에 대한 개념을 변화시켰다. 과거 정해진 멤버가 고정된 공간에 함께 모여서 마주보고 일을 하던 이미지는 옛날 드라마 속 풍경이 될 날이 멀지 않았다. 앞으로는 시간과 공간을 초월하여 일하는 방식이 보편화되면서 기존의 조직 형태나 근무 방식도 획기적으로 변할 것이다. 이러한 변화는 조직에서의 업무 패러다임의 변화로 이어졌다. 최근 기업 현장에서 주목받고 있는 '스마트 워킹' 바람이 그것이다. 20세기 산업화 시대에는 그저 '시키는 대로 열심히Work hard'만 하면 되었으나, 이제는 '창의적으로 똑똑하게Work smart' 일해야 한다. 그래야만 끊임없이 변화하는 시장의 요구에 효과적으로 대응할 수 있고, 글로벌 경쟁에서도 살아남을 수 있기 때문이다. 스마트 워킹을 위해서는 무엇을 해야 할까? 2010년 삼성경제연구소에서는 기업들이 스마트워킹을 실천하기 위해서는 5가지 관점에서의 혁신을 실행해야 한다고 강조했다.

첫째, 업무 환경과 관련된 'Space Management'의 혁신이다. 회사 내 어떤 장소에서건 창의적인 아이디어를 떠올리고 실행할 수 있는 동시에 팀워크와 협업이 쉽게 이루어질 수 있도록 업무 공간을 설계해야 한다. 모바일과 네트워크 기기를 활용한다면 기존의 공간과 장소의 제약을 넘어설 수 있다.

둘째, 업무 방식과 관련된 'Method Management'의 혁신이다. 새롭고 창의적인 아이디어가 자연스럽게 발현될 수 있게 바꾸어야 한다는 것인데, 이를 위해서는 선택과 집중, 타이밍과 리스크 관리, 업의 본질과 핵심의 관리가 선행되어야 한다고 조언하고 있다.

셋째, 사람과 관련된 'Acquaintance Management'의 혁신이다. 선진 기업들은 다양한 사람들의 의견과 아이디어를 결집시켜 조직의 성과로 변화시키는데, 이를 위해서는 기업 내부 직원만이 아니라 기업 외부의 이해관계자나 불특정 다수의 잠재 고객까지 기업의 지식 생산에 참여하도록 하는 것이 중요하다.

넷째, 성과와 관련된 'Result Management'의 혁신이다. 구성원을 '얼마나 오랫동안 일했는지'가 아니라 '얼마나 가치 있는 성과를 만들어냈는가'로 평가하고, 개인의 성과가 조직 성과로 이어지도록 직원들이 자유롭게 토론하고 아이디어를 실행할 수 있도록 제도를 운영해야 한다. 또 창출한 성과에 대해서는 제대로 평가하고, 성과 창출 과정은 스스로 결정하도록 하는 것이 중요하다.

다섯째, 시간과 관련된 'Time Management'의 혁신이다. 주어진 근로시간을 최대한 효율적으로 사용함으로써 생산성을 높이고, 이를 통해 확보한 시간은 구성원의 '워라밸'을 높이는 데 활용한다. 이를 위해 적절한 업무 배분과 업무에서의 시간 낭비 요인 제거 등 업무 효율을 극대화해야 한다. 결국 스마트워킹을 통해 조직의 생산성을 높이고, 개인의 삶의 질도 향상시킬 수 있는 방안에 대해 끊임없이 고민하고 개선해야 한다.

Smart Working의 5가지 요소

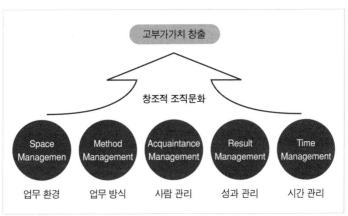

(4) 협업과 내적 동기를 강화하는 성과주의 정립

오늘날 대다수 기업에서는 연공서열이 아닌 개인의 성과에 따라 보상하는 방식이 일반화되어 가고 있다. 그런데 협업과 집단 지성이 강조되는 미래 사회에서도 현재 방식의 성과주의는 계속 유효할 것인가? 여기에 대해서는 전문가들의 의견이 갈린다. 하지만 성과주의가 만병통치약이 될 수는 없다. 인간은 대체로 돈을 추구하지만 언제나 돈만 바라며 움직이는 것은 아니기 때문이다.

성과를 최우선으로 강조하는 성과주의는 자칫 조직에 부정적인 결과를 가져오기도 한다. 하버드 대학의 가드너Gardner 교수는 성과주의로 인한 지나친 성과 압박이 창의적 조직에서의 성과 창출에 해가 된다는 연구 결과를 발표하기도 했다. 일정 수준의 성과 압력은 구성원의 업무 몰입도를 높이고, 원활한 업무 조정에 긍정적인 효과가 있다. 하지만 이것이 지나쳐 구성원들이 성과에 대해 압박을 느낀다면 복합적이고 전문적인 지식보다는 누구나 쉽게 동의할 수 있는 일반적 지식만을 사용해서 결국은 혁신적인 성과 창출에 한계가 생기게 된다. 성과주의는 구성원 간의 협업에도 부정적인 결과를 가져올 수 있다. 조직의 성과는 개인 노력의 산물이기도 하지만, 구성원 간의 조화와 협력의 결과이기도 하다. 특히 최근에는 협업을 통한 시너지 창출이 무엇보다 중요한데, 성과주의가 이러한 부분에 부정적으로 작용하기도 한다는 것이다.

한편 지나친 성과주의는 구성원 간의 지나친 경쟁을 부추기고, 소수 핵심인재의 중요성이 강조되면서 대다수 구성원들이 상대적 박탈감을 느끼게 하는 기제로 작용하기도 한다. 실제 성과주의로 인한 지나친 경쟁심으로 인해 아이디어를 함께 발전시키기보다 다른 사람의 창의적 의견을 죽이거나 전체 성과보다는 자신의 성과에만 치중하려는 이기주의로 흐를 가능성을 배제할 수 없다. 따라서 이제는 성과주의라는 기조는 유지하되 이러한 부작용을 최소화할 수 있는 방법을 모색해야 한다. 협업을 지원하고 구성원의 내적 동기를 강화할 수 있는 방향으로 성과주의를 진화시켜 나가야 한다. 집단의 창의성이 중요해지고, 타인과의 협업을 통한 시너지 창출이 강조되는 만큼 이를 지원할 수 있는 조직 차원의 새로운 동기부여 시스템이 마련되어야 한다.

(5) 구성원과 사회의 행복을 고민하며 사회적 책임을 다하는 기업

과거 기업의 목적은 '성과 창출을 통한 이윤의 극대화'였지만, 최근에는 이러한 목적을 전면에 내세우는 조직은 거의 없다. 기업의 궁극적인 목적이 이윤 추구인 것은 변함이 없지만, 최근에는 기업이 추구해야 할 가치가 추가되었기 때문이다. 요즘에는 많은 기업이 조직 구성원과 사회에 대한 책임을 강조하는 추세다. 기업의 목적이 이윤 추구 외에도 구성원과 사회의 행복을 고민하는 방향으로 바뀌고 있는 것이다. 특히 조직의 성공과 개인의 성공으로 동일시하지 않는 젊은 세대의 경우에는 개인의 행복과 사회 공헌을 무시하고 기업의 성공만 추구하는 조직을 선호하지 않는다. 따라서 미래 조직에서는 이윤 추구라는 목적 외에도 구성원의 행복과 삶의 질 향상, 기업의 사회적 책임을 다하는 방향에 대한 고민이 병행되어야 한다.

기업의 사회적 책임CSR, Corporate Social Responsibility이란 기업이 지속적으로 존속하기 위해 이윤 추구 이외에 법령과 윤리를 준수하고, 기업 이해관계자의 요구에 적절히 대응함으로써 사회에 긍정적 영향을 미치는 활동이자 책임이다. 이는 단순히 법적 기준을 지키면서 경영을 하는 것에 그치지 않는다. 보다 높은 수준의 책무가 존재한다. 일반적으로 기업의 사회적 책임은 다음의 4단계로 구분된다. 1단계는 경제적인 책임으로, 이윤 극대화와 고용 창출 등의 책임을 말한다. 2단계는 법적인 책임으로, 회계의 투명성, 성실한 세금 납부, 소비자의 권익 보호 등을 지키며 경영해야 하는 책임이다. 3단계는 윤리적인 책임으로, 환경문제, 윤리경영, 제품 안전성, 소수자에 대한 공정성 등과 관련한 책임을 말한다. 마지막으로 4단계는 자선적인 책임으로, 기업 경영을 통

기업의 사회적 책임(CSR)의 4수준

Be a good corporate citizen	자선적 책임	Desired
Be ethical	윤리적 책임	Expected
Obey the law	법률적 책임	Required
Be profitable	경제적 책임	Required

해 벌어들인 이익을 사회공헌 및 자선 활동, 기타 비경제적 영역에 대한 지원 등을 포함한다.

윌리엄 워서William Werther와 데이비드 챈들러David Chandler는 기업의 사회적 책임은 '과정'인 동시에 '목표'라고 정의했다. 기업의 사회적 책임은 기업이 제품이나 서비스를 소비자들에게 전달하는 '과정'인 동시에, 사회에서 기업 활동의 정당성을 유지하기 위한 방법이며 '목표'라고 정의한 것이다. 이는 기업이 경영 활동의 모든 과정에서 사회적인 책임을 중요한 기준으로 삼는 것이 기업 성패에 중요한 영향을 미치기 때문이다. 기업이 단순히 경제적 이익에만 몰두하지 않고 사회적 선善과 공공 이익에 공헌하려고 노력할 때 사회 구성원들도 그 기업을 긍정적으로 인식하게 되고, 그 결과는 경영 성과로 이어지게 된다. 또 사회 구성원들의 긍정적인 인식과 존경심은 해당 기업 구성원들에게는 회사에 대한 자부심과 자긍심, 긍정적인 정체성으로 이어진다.

긍정심리학의 대가인 마틴 셀리그먼Martin Seligman이 "구성원들의 행복은 기업에 더 높은 생산성과 수익을 실현해줄 것이다."라고 주장했듯이, 이제 구성원들의 행복이 조직 성과를 높이기 위한 전제가 되어야 한다. 따라서 기업이 구성원들의 몰입과 열정을 높이기 위해서는 이제부터 구성원의 '행복'이라는 관점에서 접근할 필요가 있다. 또한 기업의 사회적 책임에 대한 요구 수준도 높아질 것으로 보인다. 날로 심각해지는 지구 환경의 파괴 문제와 노동자 인권 문제, 사회적 약자에 대한 배려 등 사회적 이슈에 대해 기업들이 관심을 가지고 적극적으로 대응하는 노력을 기울여야 한다. 구성원 행복만이 아니라 기업의 사회적 책임까지 고민하는 것으로 기업의 가치를 선정하고, 구체적인 접근 전략을 수립해야 한다.

경영의 대가 피터 드러커Peter Drucker는 "미래는 예측하는 것이 아니라 만들어가는 것이다."라고 했다. 미래는 준비하는 자의 몫이다. 급변하는 환경과 치열한 경쟁에서 생존을 위해 노력하는 많은 기업들은 눈앞에 놓인 경영 현안에만 몰두할 것이 아니라 미래의 변화를 예의주시하며 그에 맞게 유연하게 대응할 수 있는 시스템을 미리 구축해야 한다. 또한 미래 경영에 있어 가장 핵심적인 경영자원이 사람임을 인식하고, 이미 그리고 미래에 조직의 핵심이 될 밀레니얼 세대에 대한 성장과 활용에 대해 깊이 관심을 가져야 한다. 그들의 성장과 행복에 조직의 미래가 달렸는지도 모른다.

늙어감에 저항하라!

'강의를 통해 세상과 소통하고 싶다.' 이것이 나의 카톡 프로필 상태메시지다. 강의를 통해 세상과 소통한 지도 벌써 25년이 흘렀다. 리더십, 자기혁신, 변화관리 등 들어서 나쁠 것 없는 주제로 강의하며 지금껏 밥벌이를 해왔다. 업계에서는 강의 세계를 무림 세계에 비유하기도 한다. 수많은 고수들이 득실대는 강호 무림에서 살아남기 위해서는 자기만의 주특기 하나는 가져야 한다. 나도 치열한 강의 현장에서 살아남기 위해 나만의 무기 하나는 가졌다고 믿었다. 어떤 대상을 만나더라도 금방 친숙하게 소통할 수 있는 나만의 무기, 바로 '공감력'이었다. 다행히 남들보다 뛰어난 공감력을 가졌기에 특별히 잘나지도 박식하지도 못한 내가 지금껏 건재할 수 있었다고 생각한다.

한데 근자에 들어 이러한 믿음에 의구심이 들기 시작했다. 특정 대상과의 강의에서 공감력이 떨어진다는 느낌을 받을 때가 있기 때문이다. 사원이나 대리 등 조직의 젊은 세대를 대상으로 한 강의에서 간혹 그런 느낌이 들 때가 있다. 예전에는 나만의 무기를 바탕으로 어떠한 대상과도 희로애락을 공유하며 울고 웃었다. 하지만 젊은 친구들에게 '약발'이 먹히지 않는 경우가 점점 늘어났다. 스스로 공감력 하나만큼은 '갑甲'이라며 자부하고 살았는데, 이제 옛말이 된 것 같아 묘한 기분이 들었다. 왜 이렇게 되었을까? 이러한 나의 고민에 대해 공저자인 이호건 박사는 의외로 간단히 결론지었다. 내가 '늙어서' 그렇단다. 늙어서! 어느덧 내 나이도 오십 중반에 접어들고 있는지라 딱히 반박하기는 어렵지만, 그럼에도 '벌써?'라는 생각이 들었다. 벌써 내가 늙어서 젊은 세대와 공감하지 못하는 나이가 되었단 말인가! 사는 게 왠지 서글퍼졌다. 그러나 한편으로는 위안이 되는 일도 있었다. 내가 강의 현장에서 만난 수많은 조직의 리더들도 대부분 나와 비슷한 고민을 하고 있다는 점이다. 내가 강의장에서 젊은 세대와 예전처럼 공감하지 못하는 것처럼, 그들도 대부분 직장에서 젊은 세대와의 소통에 애로를 겪고 있었다.

사실대로 고백하면, 이런 현상은 비즈니스 세계에서만 경험하는 것도 아니다. 집에서도 비슷한 경험을 한 적이 있다. 나름 친구처럼 지낸다고 생각했던 자식들과도 낯섦을 느낄 때가 간혹 있다. 얼마 전 3년 남짓 직장 생활을 하던 아들 녀석이 상담 요청을 해왔다. 직장을 관두려 한다는 것이다. 아들은 여러 이유를 들었지만 솔직히 그다지 공감되지는 않았다. 그렇다고 만류하지도 못했다. 아들은 결국 사표를 던졌다. 이런 생각이 들었다. 아들의 직장 상사는 사표를 내던지는 이유에 대해 공감했을까? 모를 일이다. 아마 나와 비슷한 마음일 수도 있겠다는 생각이 들었다.

직장을 그만두는 이유에 대해 설득력 있게 설명하지 못한 아들에게 문제가 있는 것일까, 아니면 그 이유를 듣고도 공감하지 못한 나에게 문제가 있는 것일까? 그래도 명색이 평소 변화관리와 자기혁신을 강조하던 강사인지라 이 상황에서 문제는 나에게 있다고 진단을 내렸다. 나의 경우와 유사하게 젊은 세대와 공감하지 못하고 소통에 어려움을 겪는 수많은 기성세대에게도 비슷한 진단을 내리고 싶다. 『주역』의 '계사전'에 나오는 "궁하면

변하고 변하면 통하고 통하면 오래간다^{窮則變 變則通 通則久}."라는 말
처럼, 내가 먼저 변해야 젊은 세대와도 통할 수 있기 때문이다.

궁^窮한 데도 변^變하지 않으면 어떻게 될까? 변하지 않으면
통^通할 수 없게 된다. 통하지 못하면 오래 머무르지 못하게 되는
것은 당연지사. 현실이 궁^窮한 데도 변화를 모색하려 하지 않는
사람을 우리는 '꼰대'라 불렀다. 꼰대가 조직에서 오래가지 못하
는 것은 당연하다. 하여 나를 포함하여 기성세대 리더는 모두 변
해야 한다. 그래야 꼰대라는 오명을 벗어던지고 젊은 세대와 소
통할 수 있다. 그런 리더만이 강호 무림과 같은 비즈니스 세계에
서 만수무강할 수 있을 것이다.

이호건 박사와 함께한, 이른바 '꼰대 탈출 프로젝트'는 나
로서는 행복한 일탈이었다. 평소 입으로만 떠들던 말들을 글로
정리하는 작업을 통해 그동안 경험하지 못했던 희열을 맛보았
다. 한편 이번 프로젝트는 세월의 흐름을 역행하는 즐거운 혁명
이기도 했다. 시나브로 늙어가던 우리가 젊은 세대의 입장에서
생각하고 고민해 봄으로써 우리 스스로도 조금이나마 젊음을 되

찾는 기분이 들었다. 일종의 '회춘 프로젝트'라 말해도 좋겠다. 나는 이번 일을 계기로 이 땅의 리더들에게 "늙어감에 저항하라"고 외치고 싶다. 인간인 이상 어느 누구도 나이 먹는 것을 막을 수는 없다. 하지만 늙어감에 저항할 수는 있다. 특히 생각의 시계를 되돌리는 것은 결코 불가능한 일이 아니다. 육체는 늙어가지만 생각은 젊음을 유지하는 일, 몸은 노화가 진행되지만 정신은 더 이상 나이 먹기를 거부하는 일은 생각보다 어렵지 않다. 그리고 이것만이 현대를 살아가는 리더가 꼰대 소리를 듣지 않는 길이라 믿는다. 부디 이 책을 읽은 수많은 리더가 꼰대 탈출에 성공하여 젊은 세대와 즐겁게 소통하기를 기대해본다.

엄 민 영

에필로그

새로운 리더가 온다

초판 1쇄 발행 2018년 8월 14일

지은이 이호건, 엄민영
펴낸이 김혜은, 정필규
마케팅 정필규
편 집 김정웅
디자인 롬디

펴낸곳 피플벨류HS
출판등록 2017년 10월 11일 제 2017-000065호
주 소 (10084) 경기도 김포시 김포한강3로 290-13 한양수자인리버펠리스604-1002
문 의 010-3449-2136
팩 스 0504-365-2136
납품 이메일 haneunfeel@gmail.com
일반문의 이메일 pvhs0415@naver.com